シリーズ「遺跡を学ぶ」

117

船形埴輪と古代の喪葬

宝塚一号墳

穂積裕昌

新泉社

船形埴輪と古代の喪葬
—宝塚一号墳—

穂積裕昌

【目次】

第4章 伊勢の王……68

第5章 宝塚一号墳が語るもの……88

編集委員
勅使河原彰（代表）
小野　昭
小野正敏
石川日出志
小澤　毅
佐々木憲一

装　幀　新谷雅宣
本文図版　松澤利絵

第1章　船形埴輪からのメッセージ

1　日本最大の船形埴輪

威圧するかのごとく船首に掲げられた大刀《たち》、上端がV字形に開いた呪的な立物（石見《いわみ》型立物）、そして貴人の乗船を示す蓋《きぬがさ》、それらを載せた巨大な船形埴輪（**図1**）は、それまで日本各地で出土していた船形埴輪とは違い、きわめて多くのことを語ってくれた。

この埴輪が出土した三重県松阪《まつさか》市の宝塚《たからづか》一号墳（**図2・3**）は、戦前に国史跡指定された旧伊勢国最大の前方後円墳ではあったが、全国的な知名度は乏しく、古墳時代中期（五世紀前半）の地方における一前方後円墳にすぎなかった。それが一気に衆目を集めることになったのは、まさにこの船形埴輪の発見が契機であった。

まず、この船形埴輪からのメッセージをみてゆこう。

巨大な一号船

宝塚一号墳では、前方部と出島状施設をつなぐ土橋基部の東西両脇に、一基ずつの船形埴輪が配されていた。このうちとくに注目されたのは、出島状施設の最奥部、土橋の西裾から出土した一号船形埴輪（以下、一号船）である。

一号船は、楕円形の台座（円筒台）二基の上に船体部をはめ込んでいる。台座をともなう船形埴輪は、大阪府の長原高廻り《ながはらたかまわ》一号墳などからも出土しているが、台座と船体を別作りにしたものは初めてである。台座は約半分が地中に埋められた状態で出土し、

図１●船形埴輪１号船
全長140 cm、高さ94 cm、幅35 cm。大刀をはじめ船上に多くの装飾物を載せた船形埴輪は、ほかに例をみない。

まさにすえ付けられた船形埴輪であった。全長一四〇センチ、台座を含めた高さが九四センチにもなる大型品で、長さでは大阪府の岡古墳出土の船形埴輪（図4上）に譲るが、高さでは日本最大の船形埴輪である。

古墳時代の船には半截した丸太をくり抜いた丸木舟（刳《くり》舟《ぶね》）と、刳舟もしくは板造りの船底（基部）に舷側板を付けて船体を大型化した準構造船とがある。船形埴輪はいずれも準構造船を表現したもので、その船体構造は大きくふたつのタイプに分かれる。ひとつは、刳舟の両側縁に舷側板をとり付けて、船首（船尾も同様となる例もある）の内側には水切用の竪板をはめ込んだ二体成形船タイプ（図4上）、もうひとつは、両側縁に舷側板をとり付けるのは同じだが、竪板は船首・船尾の先端をおおうように付加した一体成形船タイプである（図4下）。

一号船は、宮崎県西都原一六九号墳や大阪府土師《はじ》ノ里《さと》遺跡、長原高廻り一号墳出土の船形埴輪などと同様に一体成形船タイプの準構造船を模したものである。太い突帯が貼り付けられた部分より下が船体構造の基礎となる船底部で、

図2●宝塚1号墳
全長111mの旧伊勢国最大の前方後円墳。隣接して帆立貝形古墳の2号墳（全長90m）があり、古くはさらに多くの古墳が周辺に存在していた。

図3 ● 宝塚1号墳の位置と三重県の古墳
三重県では、墳丘長で上位3番目までの前方後円墳がいずれも旧伊賀国に所在しており、4番目が旧伊勢国最大の前方後円墳、宝塚1号墳である。

上に側面の舷側板と前後の竪板が付く。

　船内は、華麗な装飾のある四個の隔壁によって仕切られている。これら装飾隔壁は両側の舷側板をはさむようにはめ込まれ、船の荘厳化だけでなく、舷側板をより強固に固定し、船底から舷側板が脱落するのを防ぐことに本来の機能があったとみられる。舷側板の頂部には、櫂《かい》を据えるための突起であるピボットが三対表現され、それぞれに小孔があく。

　船首と船尾は、ゴンドラのように大きくそり返り、その舷側板先端は天に向かって大きく垂直に切り立つとともに、鰭《ひれ》飾りがつくり出され、華やかな威厳を醸し出す。とくにこれらの部分は、実際の船より華麗かつ雄々しく見せようと大きく強調している。

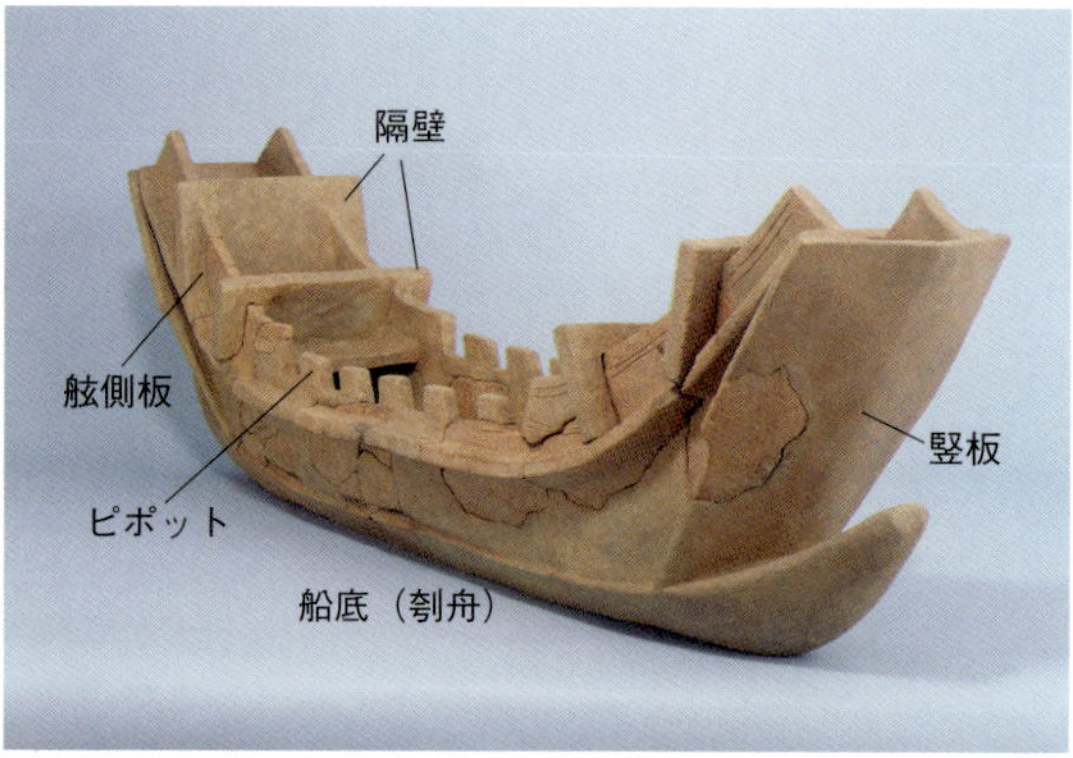

二体成形型（大阪府岡古墳出土）

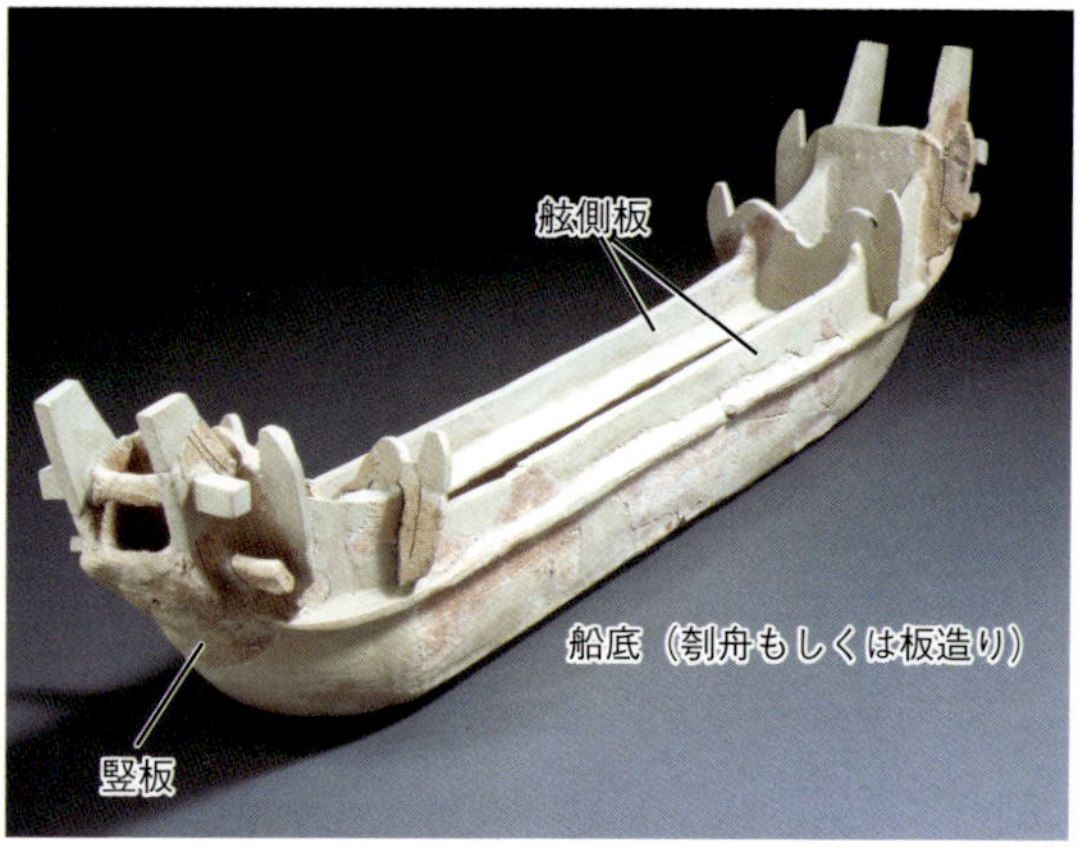

一体成形型（大阪府土師の里遺跡出土）

図4 ● 準構造船のふたつのタイプ
宝塚1号墳の船形埴輪の船底部は、かなり平底化しており、刳舟ではなく、板造りの船底をもった船をモデルとしていたのかもしれない。

どちらが船首か

一号船に類似した船が奈良県天理市の前期古墳、東《ひがし》殿塚《とのづか》古墳の鰭《ひれ》付《つき》楕《だ》円筒《えんとう》埴輪に線刻されている（一号船画、**図5**）。これをみると、大刀を船首側に、蓋を船尾側に描いている。このことから、一号船も大刀のおかれた側を船首とみてよいだろう。その場合、船上におかれた器財類は、船首側から装飾隔壁、大刀、装飾隔壁、石見型立物（大）、不明器物（樹立用の基部のみ存在）、石見型立物（小）、装飾隔壁、蓋、装飾隔壁の順で並ぶ。このうち、装飾隔壁は二基一対でそれぞれ大刀と蓋を前後からはさみ、目立たせる役割ももっていた。大和と伊勢、古墳時代前期と中期という地域・時代を超えて、船首に大刀、船尾に蓋を配するという共通意識が読みとれる。そして、大刀がおかれた側を船首とみれば、一号船は、出島状施設の土橋側、すなわち墳丘への入口に向かっておかれていた（**図30参照**）。

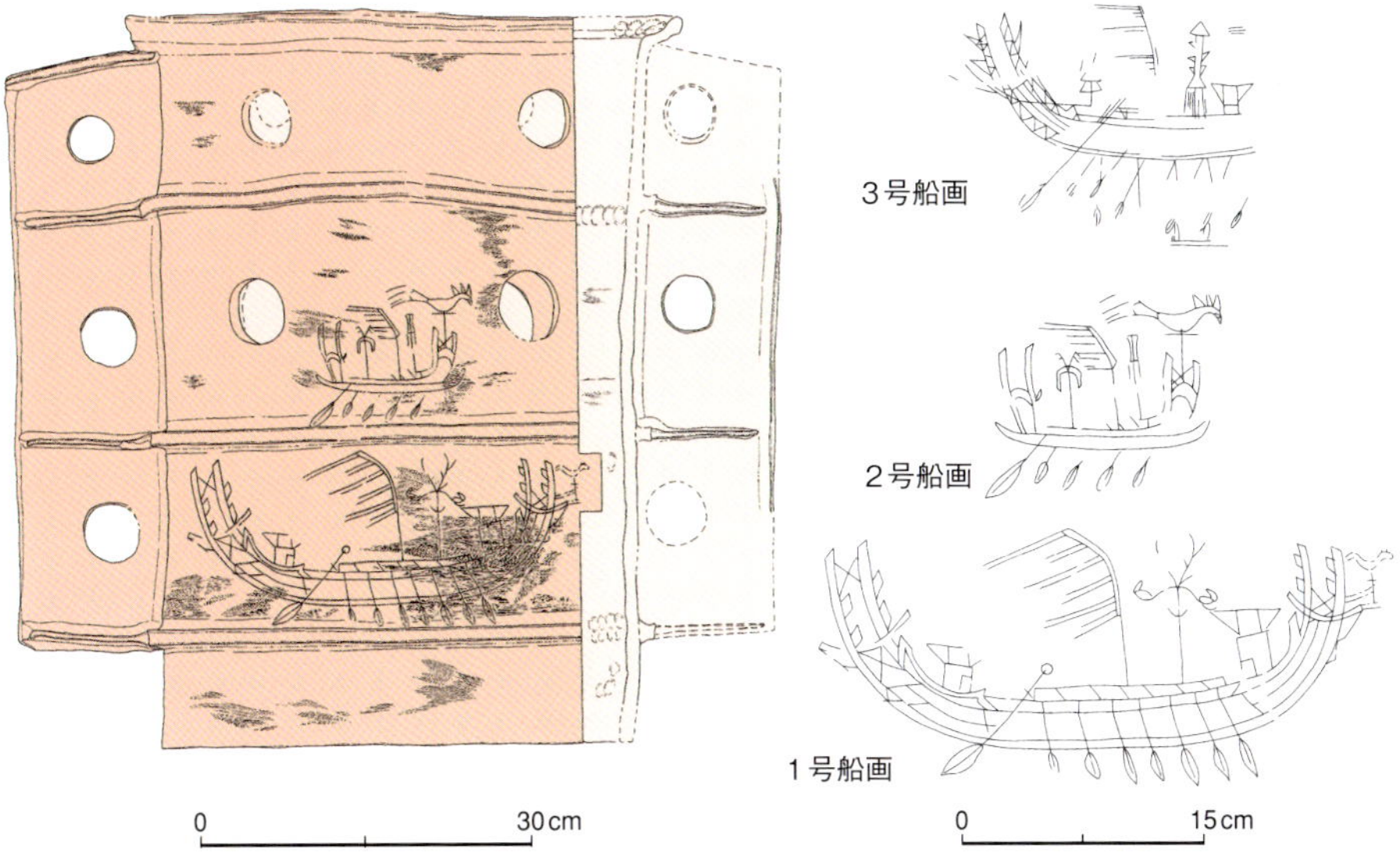

図5 ● 東殿塚古墳出の鰭付円筒埴輪と描かれた船
東殿塚古墳は、全長175m の前方後円墳。船の線画が入る鰭付楕円筒埴輪は、前方部西側縁裾にとり付く「造り出し」的な突出部上に配置された埴輪群に含まれていた。

華麗な船上装飾

船上に積載された器財類の豊かさは、船形埴輪として他に例をみない（図8）。まさに宝塚一号墳の船形埴輪を特徴づけるものである。これらの器財類が何を語っているのかをみていこう。

装飾隔壁　船首の大刀と船尾の蓋を挟み、両側の舷側板固定化の機能も担った四枚の隔壁はきわめて装飾性の高いもので、いずれも心葉形で表と裏に線刻を施し、頂部には四個の鰭飾りを削り出し、中央部に上下二段の装飾の透かしをあける（図6）。大阪府の長原高廻り一号墳や土師の里遺跡出土の船形埴輪にも心葉形で装飾性の高い隔壁があるが、一号船の隔壁は、はるかに華麗で、むしろ群馬県赤堀茶臼山《あかぼりちゃうすやま》古墳の椅子形埴輪や大阪府津堂城山《つどうしろやま》古墳出土の貴人の身辺を飾る器財を原形とした翳《さしば》形埴輪（図8）、さらに三重県おじょか古墳の埴製枕などとも共通し、王者の権威と葬送を象徴した器物とみられる。

大刀　木装のこしらえをもつ、いわゆる倭装大刀を表現したもので、二枚の装飾隔壁に挟まれている（図7）。埴輪に造形された刀としては現状では最古の事例となる。後に成立する大刀形埴輪が倭装大刀を原型としていることは、古く後藤守一《ごとうしゅいち》による考察があり、伝統的な権威

図6 ● 装飾隔壁
鰭や透かしが入り、直弧文を線刻した華麗な隔壁。
舷側板を両側から抱え込むように固定する。

を示すものとされる。

『伊勢国風土記』逸文に載せられた天日別命《あめのひわけのみこと》と伊勢津彦《いせつひこ》をめぐる説話によると、大刀は支配の「標《しるし》」としての役割があった。すなわち神武東征に際して、天日別命は神武から刀を授けられて神武一行と別れて伊勢へ乗り込み、伊勢を支配していた伊勢津彦と対峙する。天日別命が攻めようとした前夜、伊勢津彦は光を発しながら海上を東へと去っていったとされる。つまり、ここでは、大刀はたんに権威を示すだけでなく、支配権の象徴という意味をもっている。

船首に倭装大刀を載せた船形埴輪は、宝塚一号墳の被葬者が、上位王権（倭王権）から伊勢の支配権を委譲された、「伊勢の王者」であったことを誇示する役割をもっていたとみてよいだろう。

石見型立物　報告書では「威杖」とされているが、全体的な形状が奈良県石見遺跡から出土した「石見型盾形埴輪」

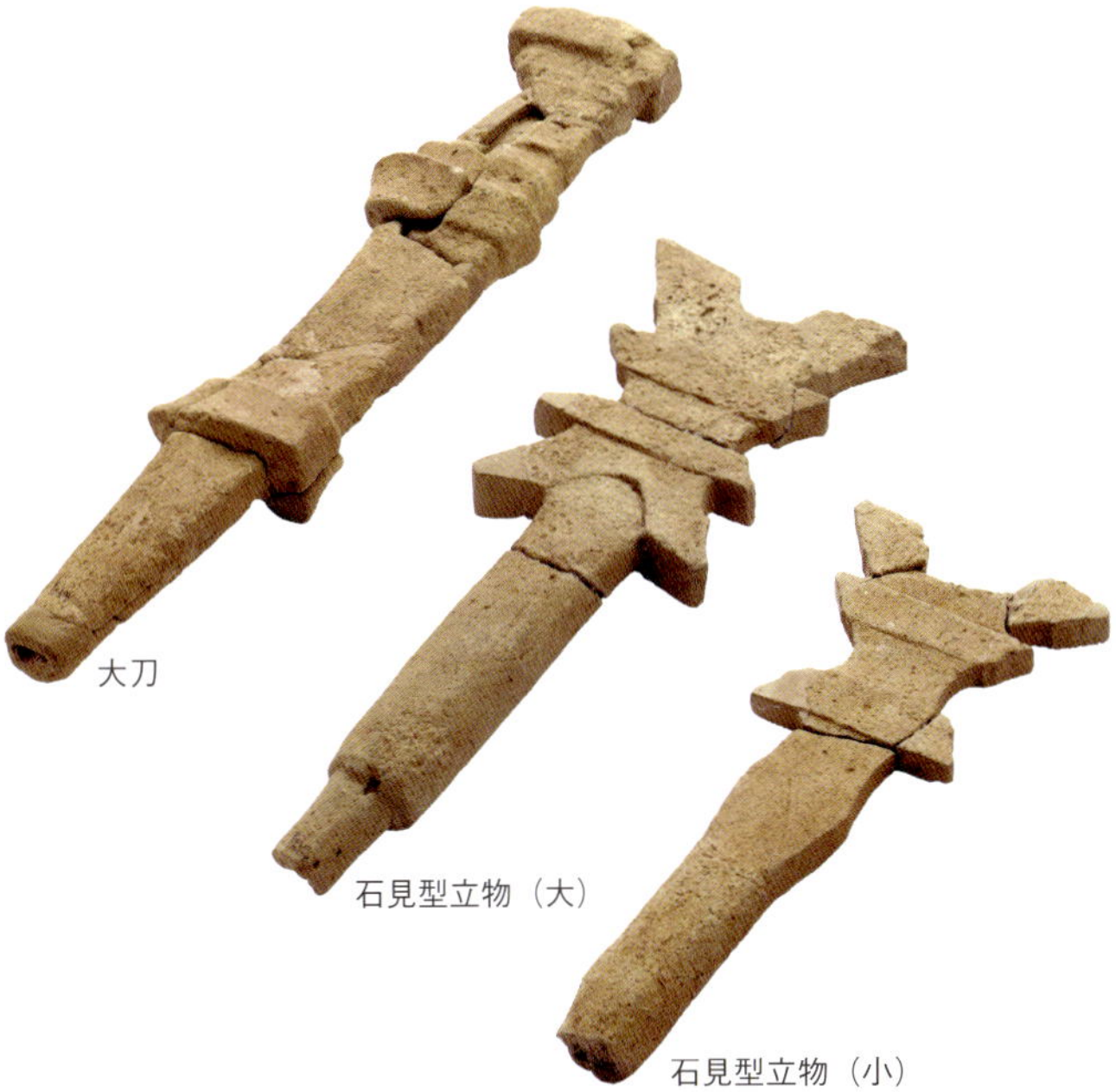

図７ ● **大刀と石見型立物**
いずれも埴輪に造形された事例としては、最古に属する。
石見型立物の大小は、それぞれ奈良県御所市鴨都波１号墳から出土した靫の鞘装飾の形状に対応する。

翳形埴輪（大阪府津堂城山古墳）

椅子形埴輪（群馬県赤堀茶臼山古墳）

二木島祭関船の
「カサブキ」
（三重県尾鷲市二木島）

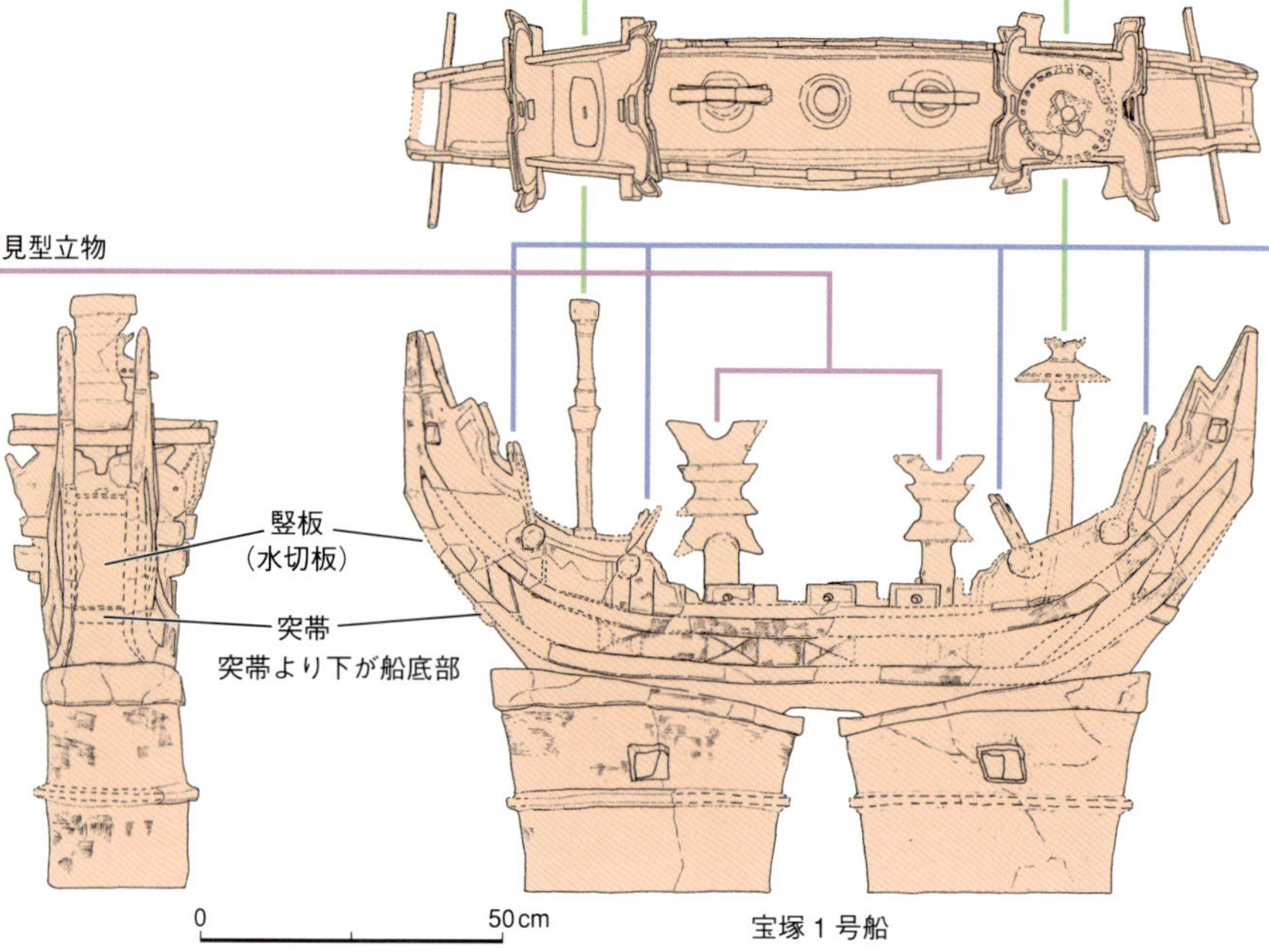

宝塚１号船

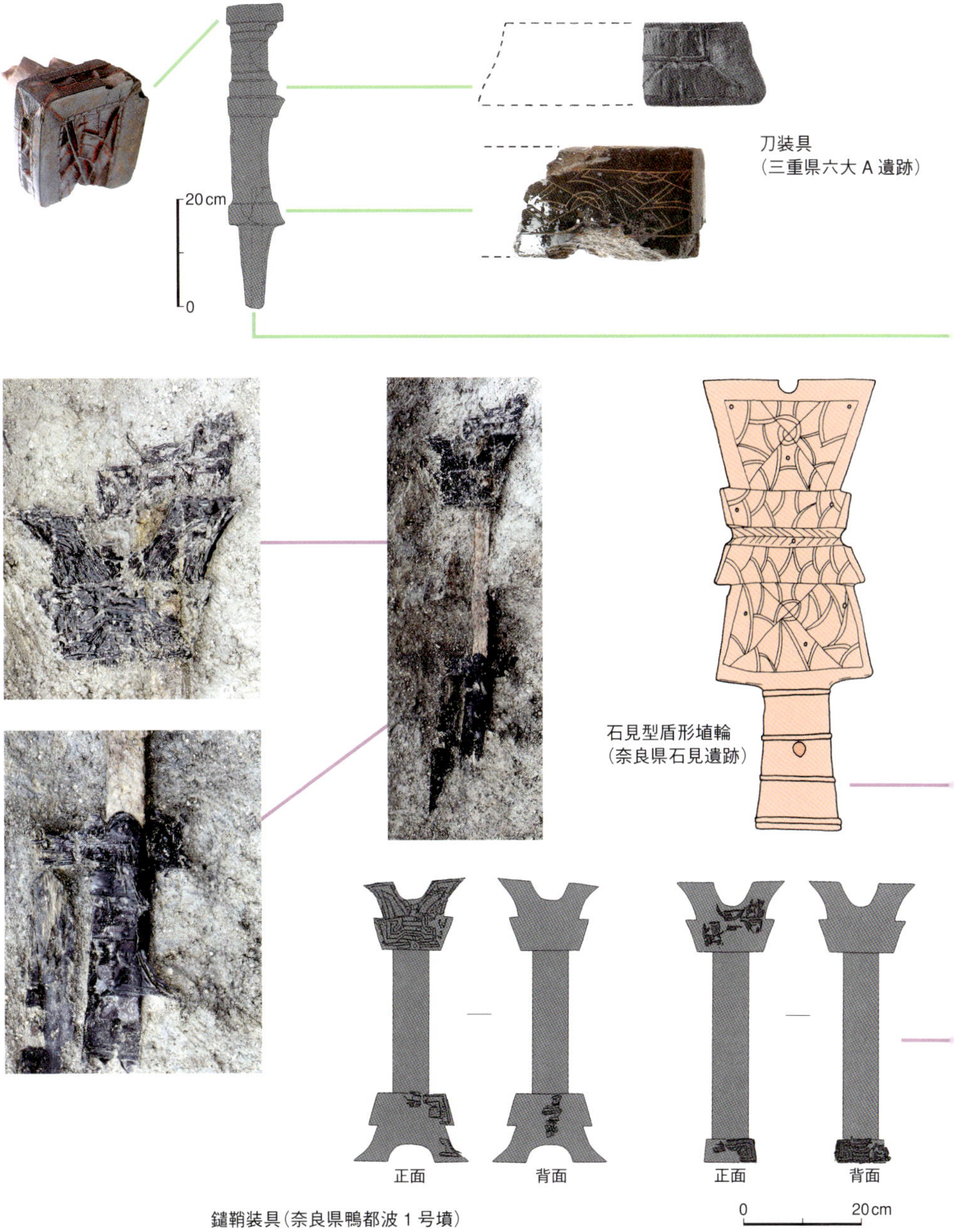

図8 ● 1号船の船上装飾をめぐる相関図
1号船の船上に積載された器物群は、それぞれ単独の器財埴輪としても存在する。1号船の石見型立物が鐙の鞘を表現したとすれば、倭装大刀とともに武器を象徴したものとなり、「武装船」のイメージともなる。

に類似することから本書では石見型立物とした（図7・8）。ただし、石見遺跡のものは当初盾形埴輪とされてきたが、滋賀県雪野山《ゆきのやま》古墳などから出土した琴柱《ことじ》形石製品なども類似することから、これが何をモデルとして造形化されたのかは議論があった。

このことに関して、近年、奈良県御所市鴨都波《かもつば》一号墳から出土した鑓《やり》の鞘《さや》の装飾が、同じものを写したものであることが判明した。石見型立物の原形がわかる初めての例である（図8）。とくに、鴨都波一号墳で出土した二種の鞘装飾の形状は、そのまま一号船に積載された大小の石見型立物の形状と共通しており、一号船の石見型立物も鑓を示していた可能性が高い。なお、現状では、このモチーフが埴輪として採用されるのは、一号船の事例が最古となる。

蓋　大刀と同様に二枚の装飾隔壁に挟まれて、船尾に立つ。傘の端部には、二八個の方形孔を鋭利な工具であけている（図9）。三重県尾鷲《おわせ》市の三重県指定民俗文化財である二木島祭《にきしままつり》で用いられる関船《せきぶね》（マツリ用の装飾船）も船尾に蓋のような「カサブキ」が立てられる（図8）。カサブキの端部には穿孔列があり、そこに吹流しが結ばれ、船が海上を疾駆するとカサブキから吹流しが後方になびくようになっている（図10）。このことから、一号船の蓋の方形孔列も、

図9 ● 蓋
縁に沿って方形孔がうがたれている。本来はここに吹き流しが結ばれた蓋をモチーフとしたものか。

吹流しを結ぶための孔だったかもしれない。いうまでもなく蓋は貴人の所在を表示する器財であり、一号船は王者が乗船する王船であったことを物語る。

不明器財　船体中央には、筒状に粘土を貼付した立ち飾りの受部の円孔があるが、該当する立ち飾りが未発見で、焼き物ではなく有機質のもの（＝木製品）が立てられていた可能性も指摘されている。船体中央の立ち飾りとなれば、奈良県東殿塚古墳の埴輪船画や岐阜県荒尾南《あらおみなみ》遺跡の土器線刻船などに見られる吹流しをともなう竿状の棒が想定されるが、ほかに帆を揚げるためのマストなども想定される。しかし、現状では列島に古墳時代中期にさかのぼる確実な帆船を示す資料はない。また吹流しをともなう竿も、竿自体は土製であっても問題ない品なので、ここに何が挿入されたかは今後の課題である。

東殿塚古墳線刻船との対比

先にも記したように一号船は奈良県天理市東殿塚古墳出土の鰭付楕円筒に線刻された船（**図5**）と酷似する。この

図10 ● 疾駆する二木島祭関船
二木島祭は神武東征伝承に由来して、２艘の関船が競漕する祭りである。前に薙刀（刀）、後ろに鉾（鑓）が載る状況は宝塚１号墳の１号船を想起させるが、この構成は宝塚１号墳の船形埴輪が知られる以前からのものである。

線刻船は、ひとつの鰭付楕円筒埴輪に三艘の船が描かれたもので、一号船画は船首側から止まり木に乗る鳥、「屋形」、蓋、幡、「屋形」が、二号線画は船首側から止まり木に乗る鳥、大刀形、幡、蓋が、船首部分が欠損する三号船画は「屋形」、不明立ち飾り、幡、石見型立物が配置される。報告書で「屋形」とされるものは家よりも何らかの器財を示した可能性もある。器財の種類や配列順序も、宝塚一号墳の一号船と共通性があり、注目される。東殿塚古墳は四世紀代にさかのぼる前期古墳であるが、すでにこの時期に宝塚一号墳の一号船と同様の観念的モチーフをもつ船が意識されていたことになる。

以上のことは、宝塚一号墳の船形埴輪の淵源は大和にあって、大和と伊勢の交流を通しても ち込まれたことを示している。

もうひとつの船形埴輪

宝塚一号墳では、もう一基、破片ながら船形埴輪が出土している（二号船、**図11**）。出島状施設の南東裾に単独でおかれた円筒埴輪内に詰め込まれた状態で出土している。樹立当初の状態ではなく、後世いずれかの段階で詰め込まれた可能性が高い。舷側の突起であるピボットから船底にかけての破片である。この周辺では同一個体とみられる船形埴輪小片がほかにも出土していることから、宝塚一号墳では、出島状施設の土橋の西裾に一号船が、東裾に二号船が相対して配置されていたことになる。

現実の船か、喪葬の船か

宝塚一号墳における船形埴輪の樹立には、大きくふたつの考え方がある。ひとつは、これを外洋航海型の船舶とみて、生前の被葬者による海上活動の反映として政治的に解釈する考え方、もうひとつは古墳が葬所であることから、船という乗り物で被葬者の霊魂を運ぶなど喪葬《そうそう》的意味を重視する考え方である。

倭装大刀が示す象徴性や、一号船の石見型立物が鑓を示していたとすると、一号船が表示する一側面として政治性がないわけではもちろんない。しかし、樹立位置や装飾全体を見れば、現実の政治性を表示しているとみるよりは、喪葬観念とのかかわりがより大きいとみる。

宝塚一号墳の船形埴輪の意味を考えるうえで参考になる資料がふたつある。

ひとつは奈良県巣山《すやま》古墳周濠から出土した船形木製品である。『隋書』倭国伝中の「葬に及んで屍《かばね》を船上に置き、陸地これを牽《ひ》く」という記載とかかわって、陸地で棺を牽くための船とみる意見や、船形の棺そのものとみる意見があるが、いずれも喪葬との関係でとらえられる。

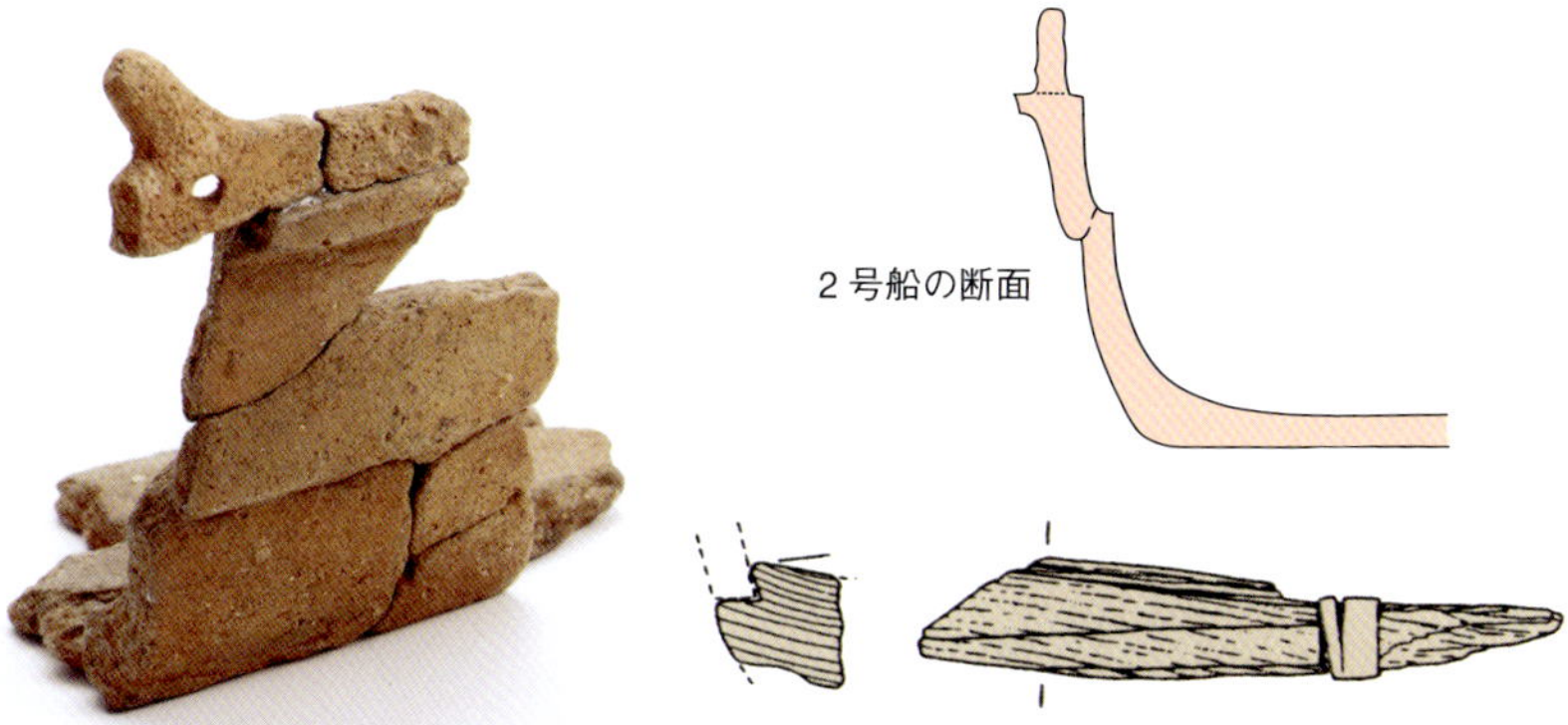

図11 ● 2号船
右は2号船の断面の模式図。舷側板の粘土接合は、滋賀県守山市下長遺跡出土の準構造船の舷側部の接合と同じで、上側の舷側板を外側にあてて継いでいく。実際の船体構造を埴輪においても忠実に写したものといえよう。

もうひとつは、前述した三重県熊野市二木島祭の関船である。二木島祭は、神武東征伝承に由来して、二艘の関船が競漕する祭りで、関船には船首から太鼓、薙刀《なぎなた》、吹抜（吹き流し）、カサブキ（蓋）、鉾《ほこ》が積載されている。薙刀を大刀、鉾を鐏とみれば、蓋も含めその種類や配置は宝塚一号墳の船形埴輪と共通するところが多い。蓋の傘部縁辺にうがたれた小孔も同じである。二木島祭自体の起源がどこまでさかのぼるのかは不明ながら、二木島祭関船を介することにより、宝塚一号墳船形埴輪や東殿塚古墳線刻船のもつ意味がより明瞭となる。

船形埴輪の意味

『日本書紀』神代上に記されたイザナミ葬送に関する注目すべき記事がある。

（第五段一書の五）一書に曰く、伊奘冉尊《いざなみのみこと》、火神《ひのかみ》を生みたまふ時に、灼《や》かれて神退去《かむさ》ります。故《かれ》、紀伊国《きのくに》の熊野《くまの》の有馬村《ありまのむら》に葬《はぶ》りまつる。土俗《くにひと》、此の神の魂《みたま》を祭《まつ》るには、花《はな》の時には亦《また》花を以《も》ちて祭る。又鼓《つづみ》・吹《ふえ》・幡旗《はた》を用《も》ちて、歌舞《うたひま》ひて祭る。

有馬村に葬られたイザナミの魂を「鼓・吹・幡旗を用て、歌舞ひて祭」っており、中央に旗（吹抜）を樹立した船の船首に太鼓をおき、船上で歌舞する二木島祭の関船と通じる。この関船の装飾は、『日本書紀』のイザナミ葬礼伝承に由来した可能性があり、その元の意味は喪葬観念、とくに鎮魂にあるとみてよいだろう。これは、宝塚一号墳の一号船にみる船上装飾にも通じ、その意味を解く手がかりとなる。

宝塚一号墳の船形埴輪の樹立位置は、葬所である古墳の出島状施設最奥部で、外部からの視界が遮られた空間である。このことはこの船形埴輪が、葬儀参列者など外部の人を意識したものではなく、あくまで被葬者に対して向けられたものとしてみなければならない。また、船形埴輪の出土は全国的にみても必ずしも海浜部の古墳に多いわけではない。

つまり、船形埴輪は被葬者が生前に海上交通を司る活動をおこなったなどの被葬者の現実の活動を写したものとしてみるよりも、被葬者の喪葬にともなう器物、「葬所へ死者を運ぶ乗り物」として、その意味を探るべきである。

2　さまざまな埴輪

宝塚一号墳では船形埴輪以外にも、囲形埴輪をはじめとする注目すべき埴輪が多数出土している。ここでは、宝塚一号墳から出土した埴輪の構成とその特徴を記しておこう。

壺形埴輪と円筒埴輪

壺形埴輪と円筒埴輪はともに墳丘を囲む埴輪で、調査されたトレンチでの出土数だけでも総数一六〇本以上にのぼる。ただし、朝顔形円筒埴輪は少なく、一本確認されたにとどまる。

このうち壺形埴輪は二種ある。ひとつは、底部穿孔の伊勢型二重口縁壺から発展した二重口縁壺形埴輪（図12①）で、すべて出島状施設に樹立され、囲形埴輪をおおう位置に置かれるなど象徴的に使用されている。もうひとつは、円筒部にデフォルメした壺口縁部をはめ込んだ鍔《つば》付《つき》壺形埴輪（**図12②**）で、円筒部は二条突帯で三段の段構成をもつ。

円筒埴輪は二条突帯三段構成のものと、三条突帯四段構成のものがあるが、前者は前述の鍔付壺形埴輪と組み合う円筒部であり（**図12②右**）、単独で樹立された円筒埴輪としては三突帯四段構成（**図12③**）のものが該当する。

宝塚一号墳のある南伊勢では、宝塚一号墳の築造以前に形象埴輪はないが、円筒・朝顔形埴輪は四世紀代にさかのぼる松阪市坊山《ぼうやま》一号墳、高田《たかだ》二号墳（**図46③参照**）で用いられている。ただし、その使用量は少なく、宝

①二重口縁壺形埴輪（高さ45 cm）

②鍔付壺形埴輪（高さ47 cm）、右は円筒部に載せた状態。

③円筒埴輪（高さ53.2 cm）

④楕円筒埴輪（高さ50 cm）

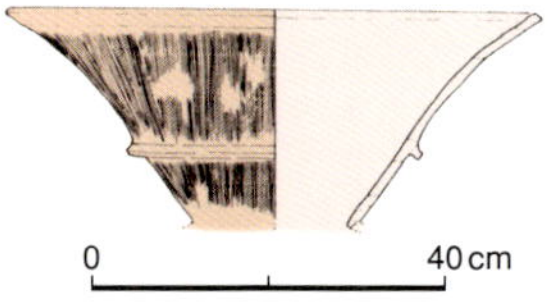

⑤朝顔形円筒埴輪

図12 ● 壺形埴輪と円筒埴輪
二突帯三段構成の円筒は、鍔付壺形埴輪を受ける円筒台として用いられた。朝顔形円筒埴輪の使用は少ない。

塚一号墳における円筒埴輪の大量樹立とは隔絶の感がある。宝塚一号墳の造営にあたっては、倭王権勢力からの新たな技術支援があったとみてよいだろう。

宝塚一号墳の円筒埴輪のなかには、ごく少数ながら、五世紀前半の河内地域の円筒埴輪の特徴をもった技術レベルの高い埴輪がある。これらを範とするか、これを製作した工人を指導者として、在地の工人が動員された様子を垣間見ることができる。

家形埴輪

家形埴輪（**図13**）は、出島状施設とその裾部、墳頂部、前方部上に樹立されたとみられるが、出島状施設裾部の一部を除いて原位置をとどめるものはなく、多くが転落した状態で出土した。

これらの家形埴輪は多くが高床入母屋《たかゆかいりもや》形式で占められ、建物形式の種類は乏しい。ただし、同じ高床入母屋形式の埴輪でも、全体の成形に際して鋭利な工具で削りとって器面を整えた一群と、ナデを多用した一群があり、大きくふたつの技術系統に分かれる。また、屋根に鰭飾《ひれかざ》りを載せたものや棟木《むなぎ》下に棟木の支えと装飾の機能を兼ねた斗束《とつか》をもつもの、破片ながら屋根上に載る鰹木《かつおぎ》も確認されており、同じ建物形式でもこれらの表現の有無で、家としての「格式」の違いを示している。ちなみに鰭飾り付きの家形埴輪が出土する古墳は、近畿地方でもトップクラスの古墳に限られる。また鰹木が載る家形埴輪の事例としては、最古級に属する。

このほか一例のみであるが、珍しい伏屋《ふせや》（竪穴建物、**図14**）を表現したとみられる破片も出土した。

②家形埴輪（高さ 64 cm）

①鰹木付家形埴輪（高さ 84 cm）

鰭飾付家形埴輪の妻側に線刻された斗束

参考：三重県石山古墳から出土した斗束表現の破片

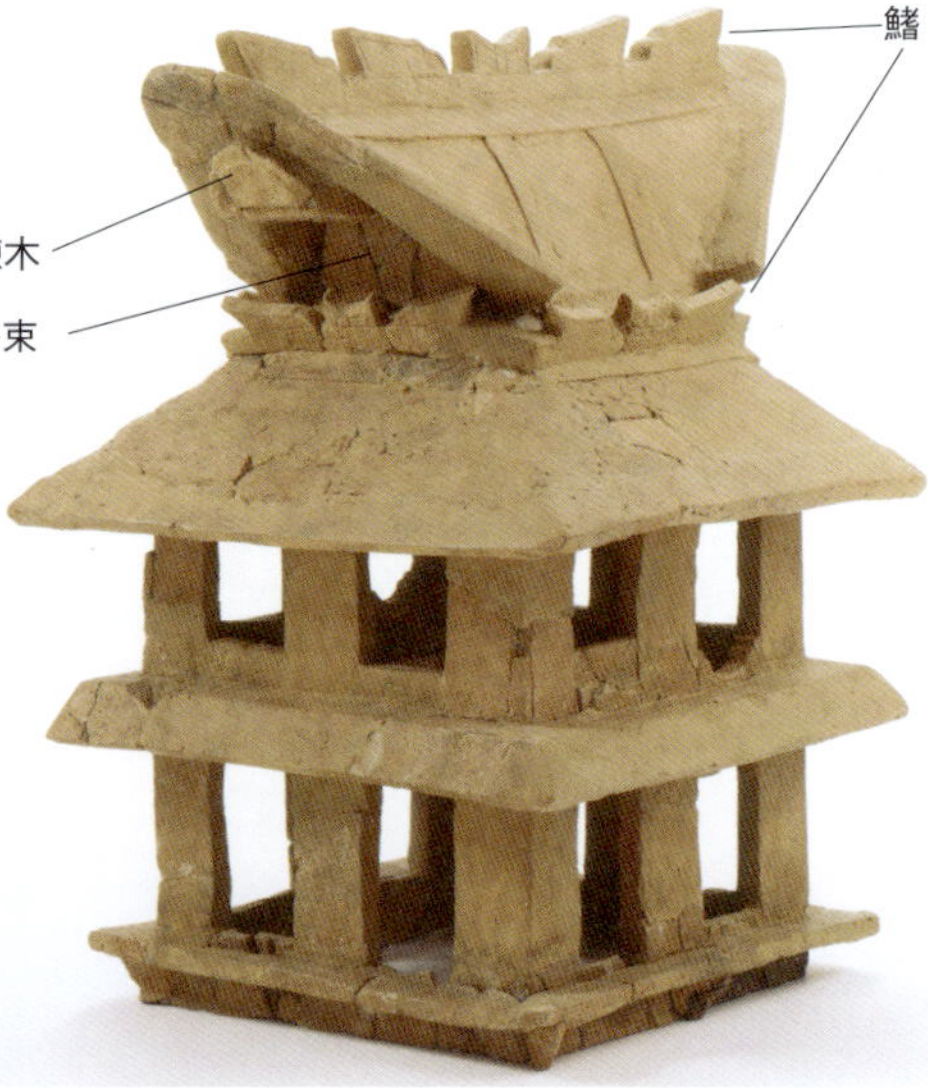

③鰭飾付家形埴輪（高さ 78 cm）

図 13 ● 家形埴輪

①は出島状施設脇から出土。本来は出島状施設の上に配されていたか。②は出島状施設西南奥の船形埴輪の横から出土。③は出島状施設東裾の導水施設型囲形埴輪の横に樹立。斗束は寺院建築にともない列島へ伝来したといわれてきたが、本例や石山古墳の事例などですでに古墳時代の家形埴輪でその存在が確認できる。①と③は器面削り成形、②は器面ナデ成形。

囲形埴輪

宝塚一号墳では出島状施設の東西両裾から、導水施設型が一基、湧水施設型が二基の計三基の囲形埴輪がそれぞれ二重口縁壺形埴輪などと埴輪群を構成して出土し、注目を集めた。船形埴輪とともに、宝塚一号墳を象徴する形象埴輪といってよい。

このうち導水施設型囲形埴輪（図15①）は、遮蔽《しゃへい》施設が喰い違い開口部を形成し、内側におかれた切妻形式の覆屋《おおいや》内に木槽樋《もくそうひ》形土製品がおかれている。木槽樋形土製品は、水の受部と排水部が覆屋外で、内部に中央がふくらんだ槽樋部をもつ。湧水施設型囲形埴輪（図15②）は、方形の一辺の中央部に開口部をもつ遮蔽施設内に切妻屋根の覆屋がおかれ、その内部に井戸状土製品をおく。このうち一基の開口部上には、鋸歯文《きょしもん》を線刻した鰭飾りをもつ（図15③）。

ここで囲形埴輪について少しくわしくみておこう。

囲形埴輪の研究は、その形状が何に由来するのかをめぐり議論がつづいたが、これに転換点をもたらしたのが奈良県御所市南郷《なんごう》大東《おおひがし》遺跡の「導水施設」の調査だった（図18）。南郷大東遺跡では、導水施設を覆う覆屋（小型掘立柱建物）と、さらにその外周を囲む鉤形の囲部（垣根状遺構）が確認された。この導水施設は、相前後

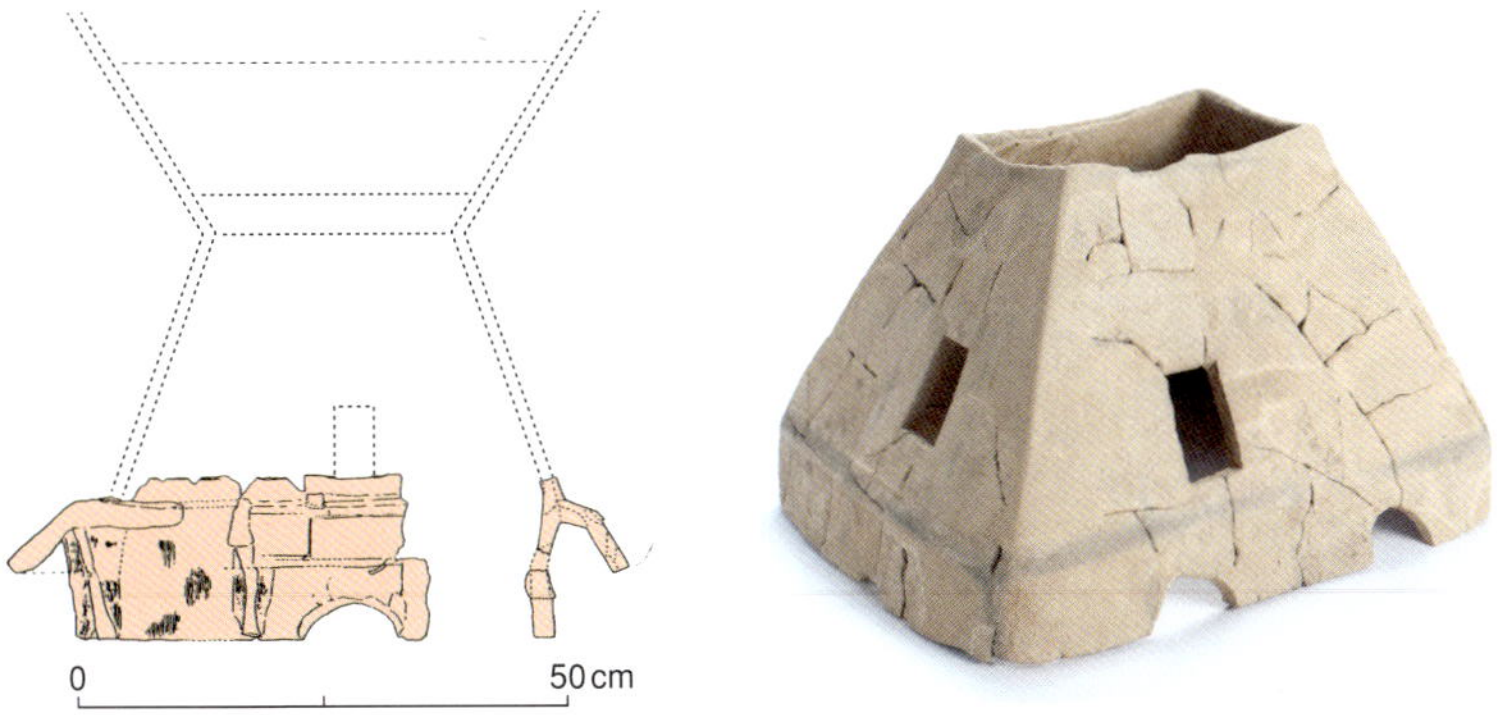

図14 ● 伏屋
出島状施設出土。右は大阪府野中宮山古墳出土の伏屋埴輪。竪穴建物を表現した家形埴輪は、ほかに宮崎県西都原170号墳などにあるが、類例は乏しい。

①導水施設型囲形埴輪

②湧水施設型囲形埴輪

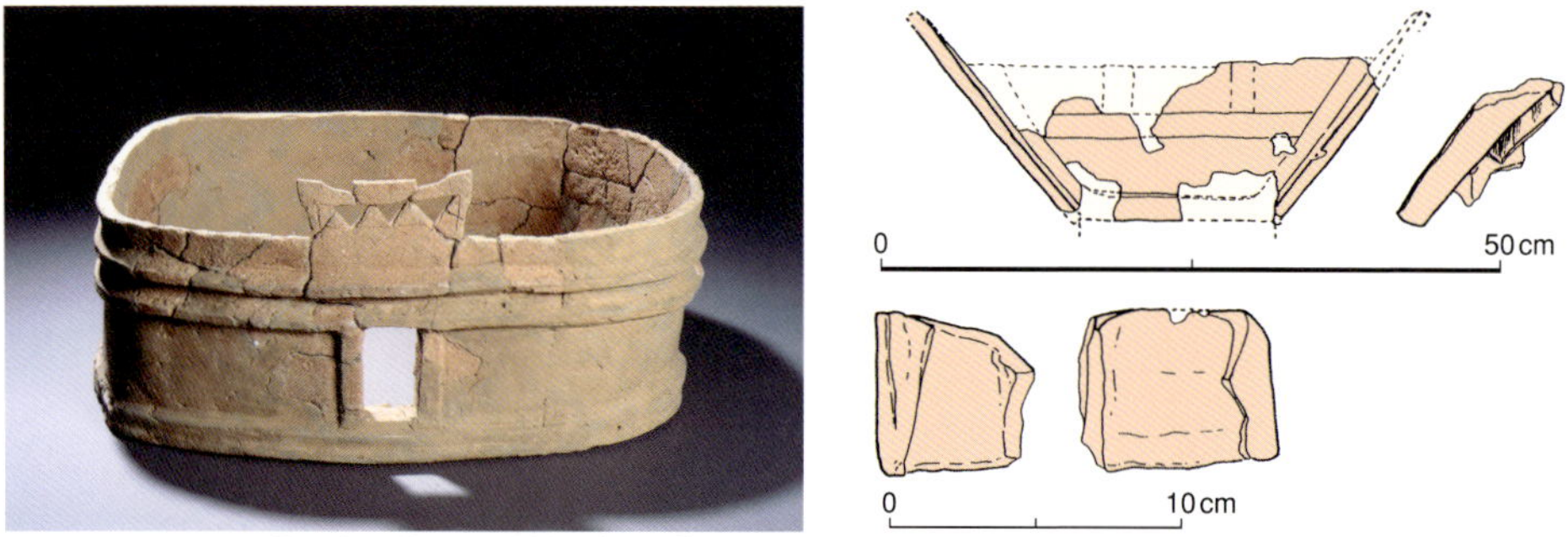

③湧水施設型囲形埴輪（右は③の囲形内にあった覆屋と井戸状土製品の断片）

図15 ● 囲形埴輪

古くは群馬県赤堀茶臼山古墳などでも出土し、その性格をめぐって多くの議論があった。近年、導水施設遺構との関係性が明らかとなり、性格をめぐる議論は新たな展開を迎えている。

して調査された兵庫県行者塚《ぎょうじゃづか》古墳、大阪府狼塚《おおかみづか》古墳と心合寺《しおんじ》山古墳（図16）、そして宝塚一号墳で出土した木槽樋形土製品を内包した囲形埴輪と構造上の共通点をもち、両者は実物とそれを原形に埴輪化した関係にあることが明らかとなった。また、宝塚一号墳や行者塚古墳などでは、木槽樋形土製品とは別に、井戸かと推定される井筒形の土製品を内包した囲形埴輪も出土した。

囲形埴輪の分類

これまで囲形埴輪の分類は、遮蔽施設の特徴に基づいておこなわれてきた。この分類では、遮蔽施設を一体成形した単体型と、狼塚古墳例のように複数の「柵形埴輪」を連結させて遮蔽施設とした複体型の違いなどが重要な視点であった。しかし、囲形埴輪の一部が導水施設に由来していることが明らかとなった以上、内部に納められた覆屋や木槽樋形土製品などの構造物も含めてひとつの施設ととらえ、それを分類する視点が必要となった。そこで、本書では「囲形埴輪」を外周の囲み部分だけではなく、内包される家屋や土製品なども含んだ施設を指す用語として使用し、囲形埴輪を構成する施設群の名称を以下のように整理した。

①狼塚古墳出土

②心合寺山古墳出土

図16●狼塚古墳・心合寺山古墳出土の導水施設型埴輪
狼塚古墳では木槽樋形土製品が覆屋に入らず、遮蔽施設内に直接置かれる。

・従来の囲形埴輪の枠組みそのものであった外周囲い部は、「遮蔽施設」とする。
・遮蔽施設の内側に納められ、その内部に導水もしくは湧水の土製品を内包した小型の切妻家を「覆屋」とし、内部に施設を持たないものはたんに「小型家」とする。
・覆屋内もしくは遮蔽施設内に直接置かれた木樋と槽が合体した導水施設由来の土製品を「木槽樋形土製品」（図17①）とし、井筒形の土製品を「井戸状土製品」（図17②）とする。
以上にもとづいて、導水や湧水など水要素の有無を視点に囲形埴輪を分けてみよう。

A　水要素をもつ囲形埴輪
　1　導水施設型囲形埴輪
　　a　木槽樋形土製品をおおう覆屋をともなうもの（宝塚一号墳、行者塚古墳、心合寺山古墳など）
　　b　覆屋をともなわず、遮蔽施設内に木槽樋形土製品が直接置かれるもの（狼塚古墳）
　2　湧水施設型囲形埴輪（宝塚一号墳、行者塚古墳など）
B　水要素の土製品をともなわず、遮蔽施設内に小型家のみが入るもの（三重県石山古墳、

①木槽樋形土製品

②井戸状土製品

図17 ● 宝塚1号墳の木槽樋形土製品と井戸状土製品
井戸状土製品は、覆屋に内包された状態を写す。これらは覆屋と遮蔽施設で二重に隠蔽され、閉鎖性が強い。

奈良県赤土山《あかつちやま》古墳、大阪府御廟山《ごびょうやま》古墳など）

囲形埴輪のモデル

囲形埴輪のうち、導水施設型は、現実の遺跡との照応が可能である。すなわち、導水施設型囲形埴輪のa類には南郷大東遺跡（**図18**）や大阪府神《こう》並《なみ》・西《にし》ノ辻《つじ》遺跡、b類には滋賀県服部《はっとり》遺跡や京都府浅後谷南《あさごたにみなみ》遺跡・瓦谷《かわらだに》遺跡、奈良県大柳生宮《おおやぎゅうみや》ノ前《まえ》遺跡・纒向《まきむく》遺跡巻《まき》野《の》内《うち》地区などがある。

一方、湧水施設型は、覆屋をともなう井戸の出土例はあるが、それを遮蔽施設で囲んだ遺構となると、現在のところみあたらない。湧水点（水源）祭祀の遺構である三重県伊賀市城之越《じょのこし》遺跡や奈良市南紀寺《みなみきでら》遺跡などの井泉は、遮蔽施設をともなわない開放空間となっている。このことから湧水施設型囲形埴輪と、湧水点祭祀に従う祭祀施設は存在形態に明確な違いがあり、それら祭祀施設は湧水施設型囲形埴輪の原形ではないと考える。ただし、時期的には下る

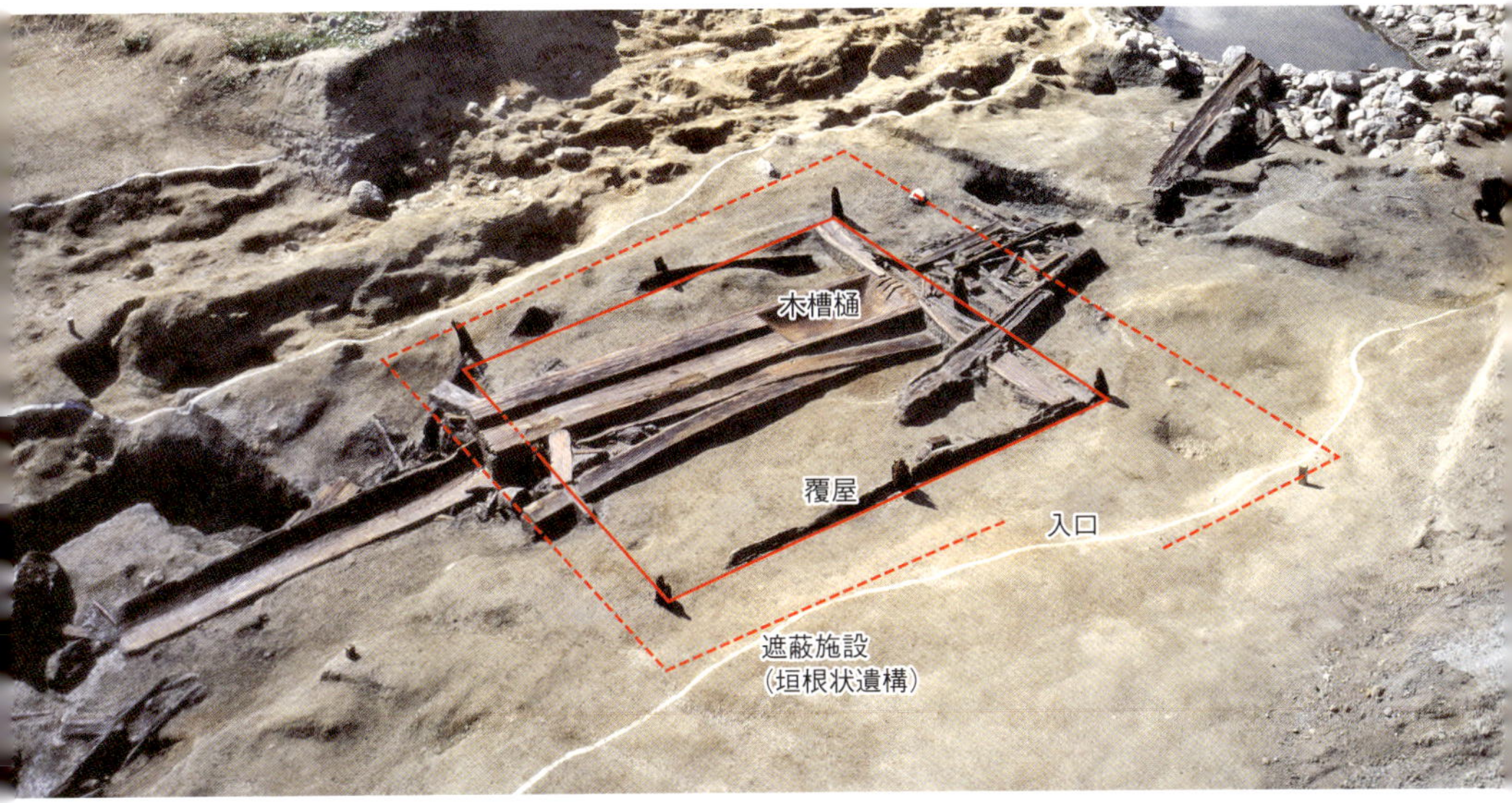

図18 ● 南郷大東遺跡
木樋を通って流れてきた水が、遮蔽施設内の覆屋へと導かれ、木槽樋を通って外へ排出されていく構造が見事に示されている。

が、伊勢神宮の外宮宮域内に所在する上御井《かみのみい》神社と下御井《しものみい》神社の社殿構成は、湧水施設型囲形埴輪の存在形態と非常に似ており注目できる。両社は、ともに長方形の板垣で囲まれ、その中央部に井戸を内包した小さな社がある。同形態の古墳時代における類例遺構の確認を待ちたい。

さて、導水施設型囲形埴輪にともなう遮蔽施設は、喰い違い開口部をもつ平面鉤手《かぎのて》状で六面構成のものと、平面（長）方形もしくは隅丸（長）方形で、そのうちの一面中央に開口部をもつ四面構成のものに大別される。

一方、湧水施設型囲形埴輪で平面鉤手状の例は、現状では確認できず、もっぱら四面構成の遮蔽施設を基本としたようだ。いずれの遮蔽施設も出入口以外の開口部はなく、外界との遮断が第一義的要件であった。

そのうえで、遮蔽施設の表現に着目すると、

a　屈折点に太い柱を立て、その間に横板を落とし込んだもの（御廟山古墳、**図19①**）。

b　頂部を山形に整えた縦板を横に並べ、横桟でとめたもの（和歌山県車駕之古址《しゃがのこし》古墳、**図19②**）。

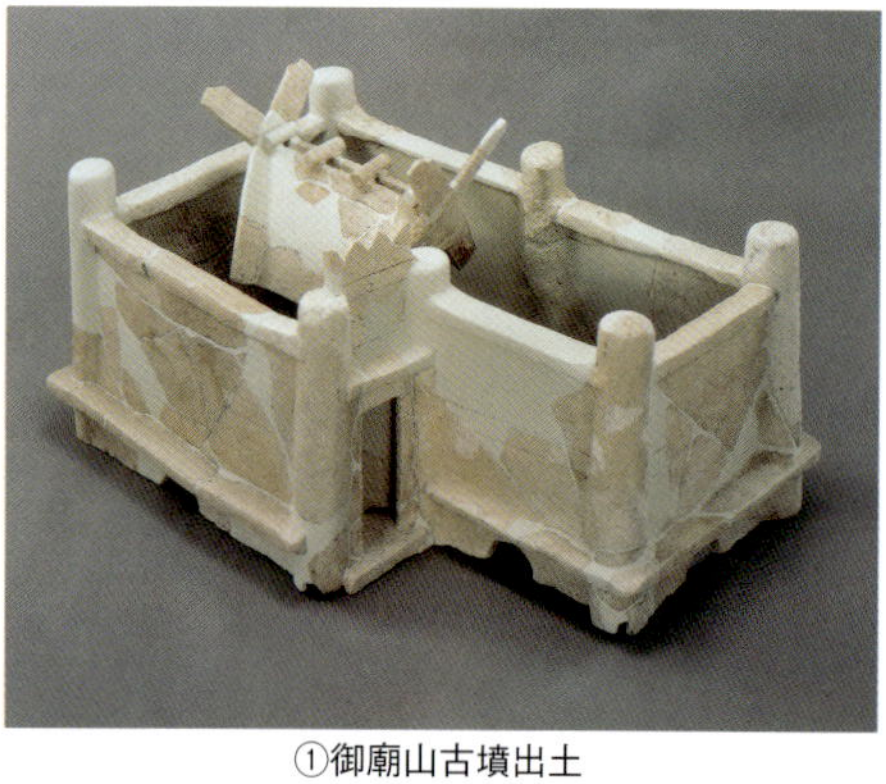

①御廟山古墳出土

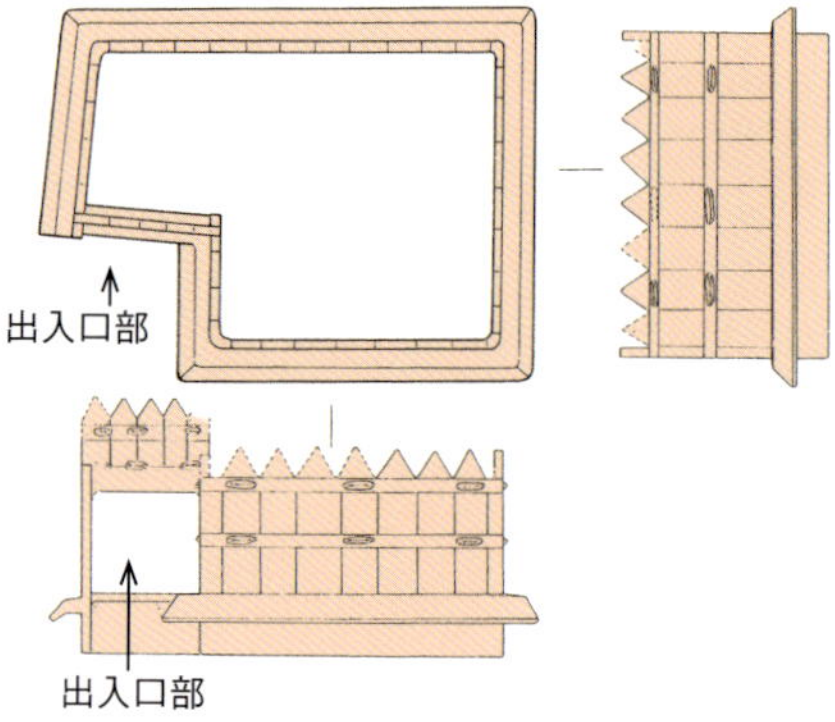

②車駕之古址古墳出土

図19 ● 遮蔽施設の種類
囲形埴輪の遮蔽施設の表現は多様であり、モデルとなった垣や塀の構造をある程度反映しているとみられる。

c　頂部を山形とするが、縦板は省略されたもの（大阪府心合寺山古墳、**図16②**）。
d　頂部は平坦であるが、横桟表現は施されたもの（三重県宝塚一号墳、**図15②**）。
などの違いがある。

このうち、aは規模・時代は異なるが伊勢神宮の板垣の構造とも共通した堅牢なものに復元でき、dは幕など簡便なものだった可能性がある。ちなみに南郷大東遺跡の導水施設では、遮蔽施設は細い杭状の棒を鉤形に連ねた垣根状のものが確認されている。つまり、囲形埴輪の遮蔽施設は、現実の遺構の構造をかなり反映し、多様な例があったとみられる。

柱状埴輪

円孔をもつ楕円形の体部の頂部を鋸歯状に削り出したもので、主墳丘及び出島状施設から出土している（**図20**）。このうち出島状施設では、二個一対で囲形埴輪を囲む円筒埴輪や壺形埴輪による埴輪群の開口部に配置されている。柵形埴輪（または塀形埴輪）ともよばれるが、宝塚一号墳では門柱的な意味があったと推定されたことから、柱状埴輪とよばれている。

器財埴輪

宝塚一号墳の器財埴輪には、武具を原形としたものに盾《たて》形埴輪、靫《ゆき》形埴輪、甲冑《かっちゅう》形埴輪があり、武具系以外のものに蓋形埴輪、冠《かんむり》形埴

図20 ● 柱状埴輪（高さ28 cm）
宝塚１号墳では２基１対で門柱のようなものとして用いられていたが、狼塚古墳では連結されて、囲形埴輪の遮蔽施設を構成するパーツとなっていた。

①蓋形埴輪（上の幅27 cm、下の高さ53 cm）

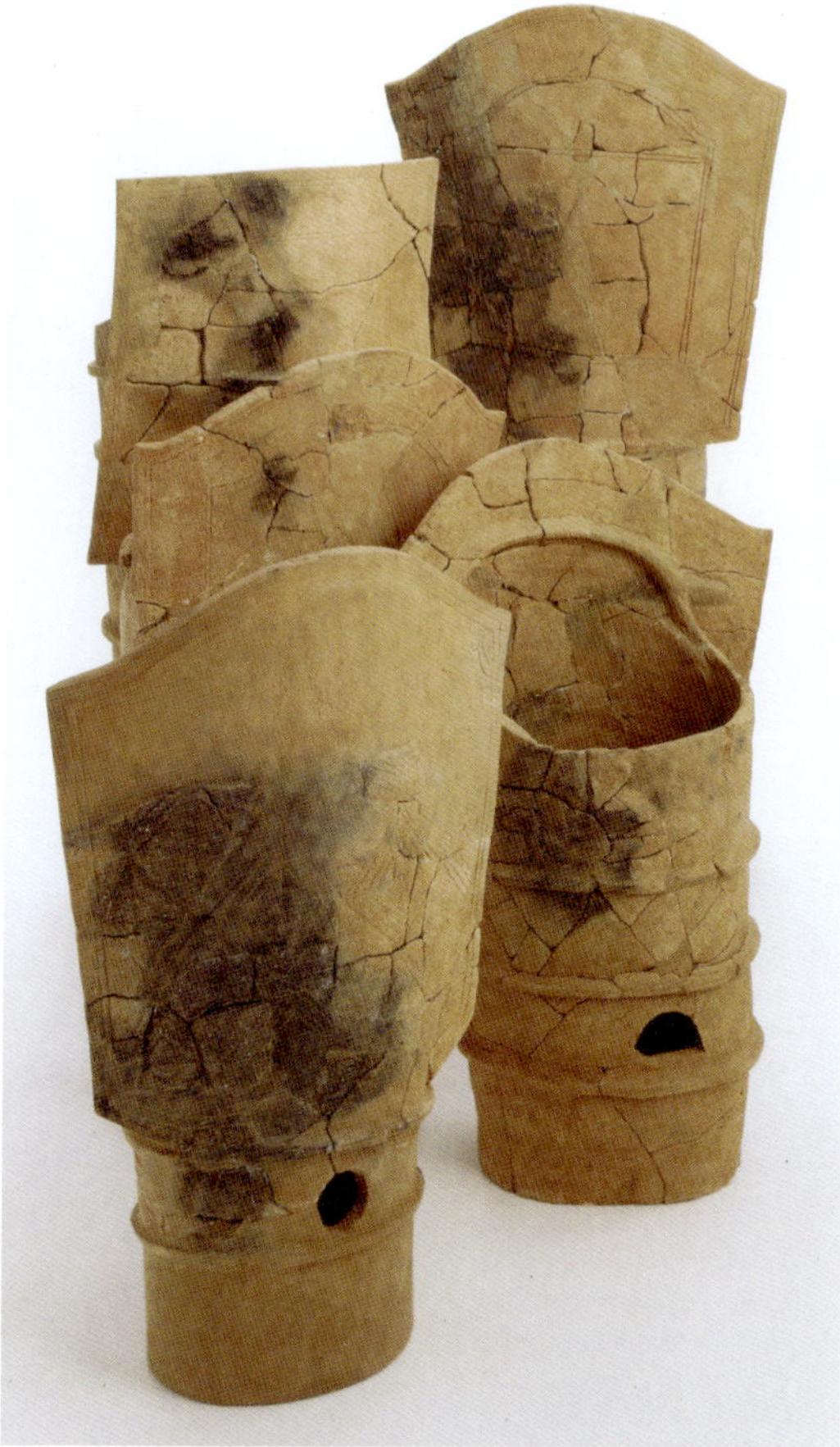

②盾型埴輪（手前の盾の高さ95 cm）

③短甲形埴 輪（高さ54 cm）と草摺形埴輪

④靫形埴輪

⑤冠形埴輪（高さ10 cm）

図21 ● 器財埴輪

多くが出島状施設周辺から出土した。出島状施設上面や後円部頂に配置されていたものが転落したとみられるが、盾形埴輪は墳丘をめぐる円筒埴輪列に組み込まれて置かれていたものもある。

輪、高杯《たかつき》形埴輪がある。

盾形埴輪　盾の上端が弧状になるものと直線になるものの二種があり、前者はさらに盾面を鋸歯文や菱形文でうめるもの、直弧文《ちょっこもん》をもつもの、無文のものがある（図21②）。このうち無文のものは、実用的な革盾を原形にしたものかと推定されている。墳丘を囲む円筒埴輪や壺形埴輪列に混じって埴輪列を構成するものが多いが、単独で樹立されたものや埴輪棺に利用されたものもある。

靫形埴輪　いずれも破片資料であるが、線刻で先端が上に向く鏃を表現し、背板部には直弧文を施す。墳丘部からの転落状態で出土している（図21④）。

甲冑形埴輪　草摺のみを表現した草摺形埴輪と短甲形埴輪がある（図21③）。このうち短甲形埴輪は沈線による引合板などの帯金《おびかね》の表現はあるが、三角板などの地金表現は省略されている。

蓋形埴輪　笠部は線刻による装飾を基本とするが、肋木《ろくぼく》の表現をもつものもある。立ち飾りは、軸によって笠部に挿入するタイプが主流だが（図21①）、破片資料ながら粘土接合痕から笠部に直接立ち飾りがとり付くタイプの存在も想定されている。

冠形埴輪　後円部からの転落品とみられ、沈線による直弧状文・

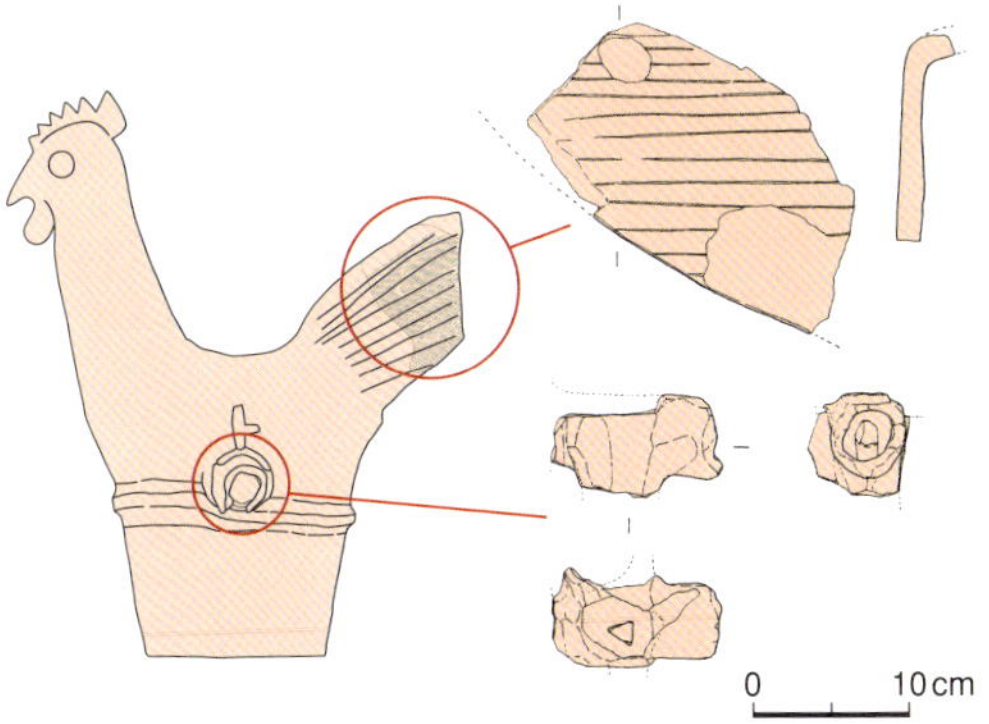

図23 ● **鳥形埴輪**
止まり木に足をかける表現から
鶏形埴輪の可能性がある。

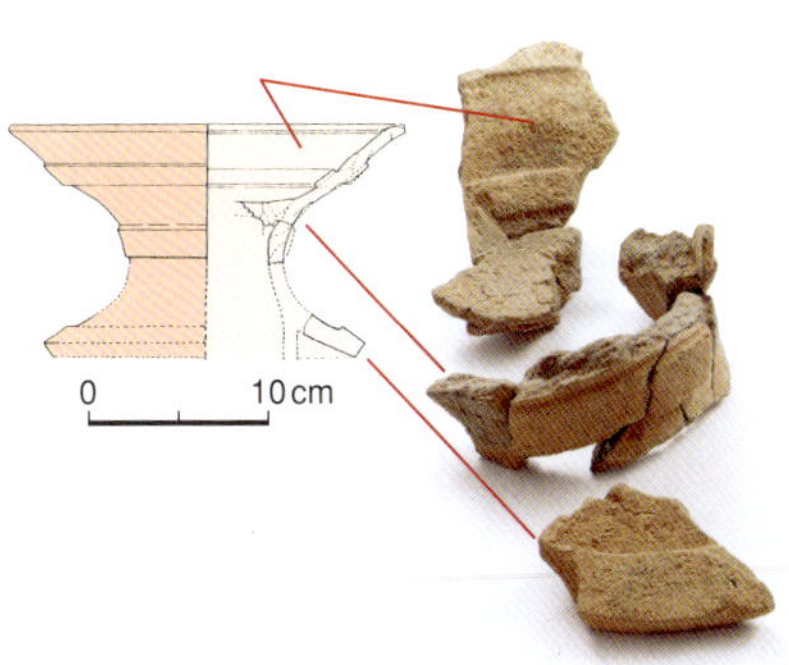

図22 ● **高杯形埴輪**
飲食物の供献を象徴する形象
埴輪の代表的存在。

鋸歯文・梯子《はしご》状文や突帯で表面を飾る（**図21**⑤）。

高杯形埴輪　木製高杯を原形とした埴輪で、杯部と脚部の破片が出土している（**図22**）。口縁部の内外に低い突帯が付く二重口縁状を呈し、頸部と脚端部も突帯で飾る。土橋両脇から破片が出土しており、本来出島状施設上面におかれていたとみられる。

鳥形埴輪　止まり木に足を掛ける破片と、多重沈線により羽根を表現した破片がある。ともに出島状施設上面にあったと推定される（**図23**）。

3　土器と土製品

宝塚一号墳では、ごく少量ながら、埴輪に混じって土器・土製品も出土している。いずれも土師質で、前方部端部からは胴部穿孔の小型壺とS字甕《かめ》の脚部破片が、出島状施設周辺からはミニチュア鳥形土製品と食物形とみられる土製品が、後円部墳頂からはミニチュア高坏と笊《ざる》形土製品が出土した（**図24**）。このうち出島状施設周辺から出土したものは、出土状況から出島状施設上面にあったものと推定されている。また、鳥形土製品は、本来は埴輪に付いていたとみられる。

図24 ● 笊形土製品（左）**と鳥形土製品**（右）
三重県石山古墳の後円部頂でも、方形埴輪列の外側に土器類の供献があり、宝塚1号墳の後円部頂からの土器出土を考える参考になる。

4　宝塚一号墳出土埴輪の位置づけ

以上のように、宝塚一号墳から出土した埴輪類の多くは、伊勢という地域にありながら倭王権のお膝元である近畿地方、なかでも大和や河内の有力古墳から出土する埴輪類と関係性の強い一群といえる。とりわけ、形象埴輪と鰐付壺形埴輪は、その配置も含め、大和や河内の諸勢力による最新の埴輪製作の思想と技術がストレートに反映されているとみてよかろう。また、船形埴輪に載せられた大刀や、鞘の装飾によって鐖を象徴したとみられる石見型立物は、後に独立した形象埴輪として定式化するもので、その先駆け的な存在がここで示されている。

一方、墳丘をとり囲む円筒埴輪と二重口縁壺形埴輪は、一部の円筒埴輪を除くと在地色が強く、なかには地元の土器工人が動員されたのではないかと思わせるような、土器的な作りのものも認められる。倭王権との関係性の強さをうかがわせ、その最新の思想が導入された形象埴輪を中心とした一群と、二重口縁壺形埴輪に代表される伊勢の伝統性を保持した一群の共存、ここに宝塚一号墳の埴輪の特徴があるようだ。

では、船形埴輪や囲形埴輪などのメッセージ性の強い形象埴輪群が出土したのは、宝塚一号墳のどこから出土したのだろうか。次章からは、発掘調査に至るまでのあらましと、調査で明らかとなった墳丘諸施設の実態をみていこう。

第2章　出島状施設をもつ古墳

1　発掘調査へ

鈴木敏雄氏の分布調査

宝塚一号墳と帆立貝形古墳とされていた二号墳が「宝塚古墳」として国史跡に指定されたのは一九三二年（昭和七）である。その指定には、三重県考古学界の先達、故鈴木敏雄《すずきとしお》氏による分布調査によるところが大きい。

昭和初期、鈴木敏雄氏により宝塚一号墳周辺の分布調査がおこなわれ、その報告書『飯南郡花岡村考古誌考』では、一号墳を含む八八基もの古墳が把握されていた。しかし、戦中・戦後の開墾や宅地開発で多くが消滅し、現在では一号墳と二号墳以外では四号墳が残るにすぎない。今となっては詳細不明だが、鈴木氏の分布調査図（**図25**）には一号墳以外にも前方後円墳が記されており、一号墳とは別支群で前方後円墳が存在したらしい。大型前方後円墳を盟主墳とする中期の大規模な古墳群は、伊賀には名張市の美旗《みはた》古墳群や、伊賀市の御墓山《みはかやま》古墳と外山《とやま》・鷺山《さぎやま》古墳群からなる柘植《つげ》川流域の古墳群などがあるが、伊勢ではこれほど一カ所に集中する大規模な中期の古墳群はほかにみられず、宝塚一号墳の重要性をより際立ったものとしている。

一九七〇・七一年には、三重大学歴史研究会原始古代史部会により一号墳と二号墳の測量調査がおこなわれた。その結果、一号墳は全長九五メートル、くびれ部北側に造出《つくりだし》をもつ前方後円墳、二号墳は全長七二メートルの帆立貝形前方後円墳と報告された。その後の発掘調査によって、この数値は補正されたが、後円部の径や高さに限れば二号墳のほうが大きいことが示されるなど、基礎資料としての価値は非常に高いものであった。

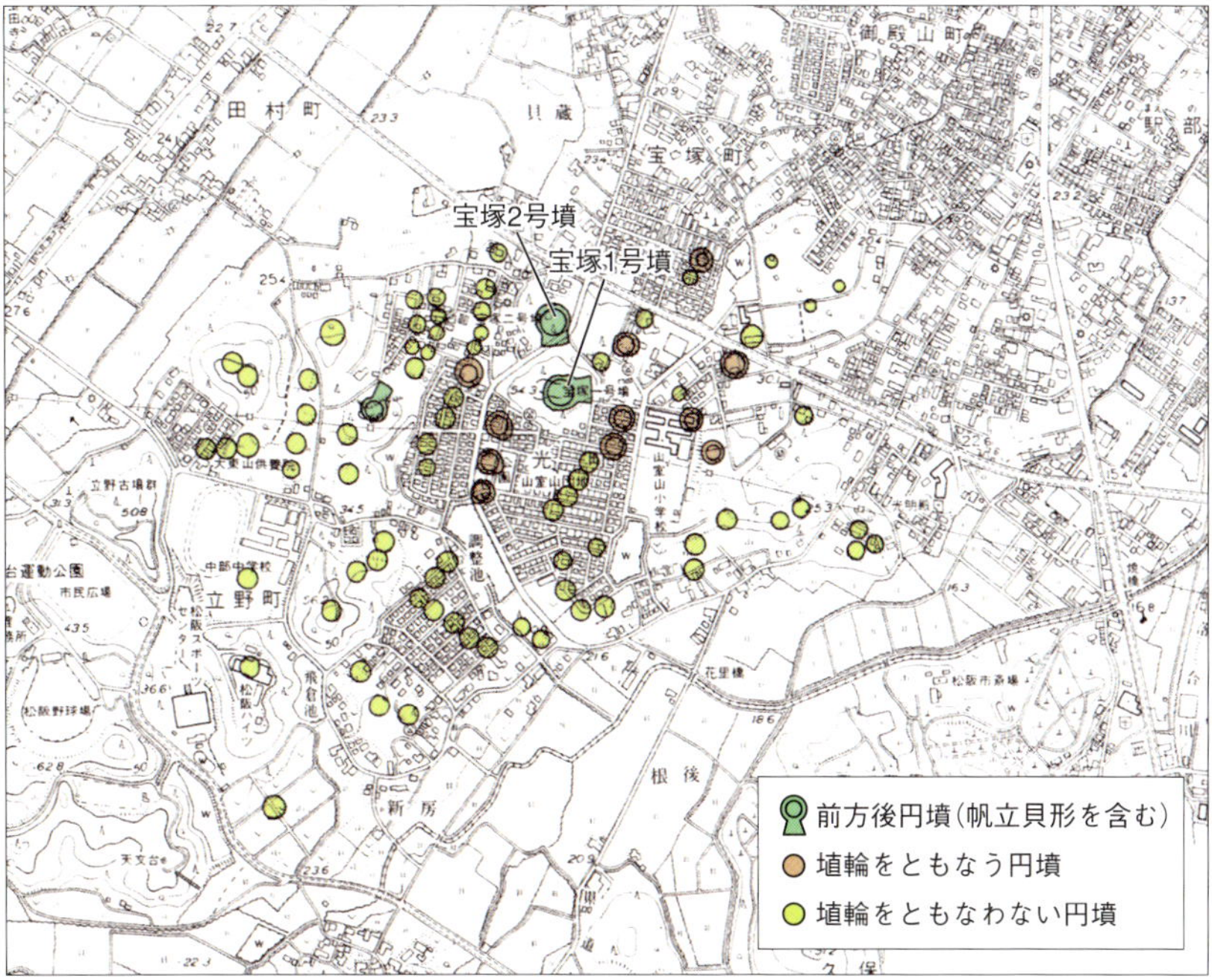

図25●『飯南郡花岡村考古誌考』掲載の古墳分布を現況地図に落としたもの
1号墳を盟主墳とする古墳群の全貌が描かれている。1号墳の西側には、もう1基の前方後円墳の存在も記載されている。

発掘調査の開始

一九九八年、松阪市教育委員会は史跡宝塚古墳の史跡整備計画を本格化させた。翌年二月には市の単独事業として宝塚一号墳の墳丘（前方部前端部）に初めてトレンチを入れ、葺石《ふきいし》などが良好に残存していることが判明した。

この結果も踏まえ、一九九九年度からは、国・県の補助事業として「宝塚古墳」の保存整備事業が五カ年計画で始まり、このなかで古墳の規模と構造を把握し、整備の基礎資料を得るための発掘調査も実施されることとなった。

史跡整備のための資料を得ることが目的のため、調査は墳丘に直交してトレンチを入れる方式が採用され、その後の調査で保存状態が良好であることが判明した墳丘北側くびれ部の「造り出し」を全面調査することになった。二〇〇一年度から二〇〇三年度には隣接する二号墳の発掘調査もおこなわれ、これらにより宝塚古墳に関する研究は大きく前進することになった。

2　確定された墳形

墳丘の構成要素

一号墳で最も注目を集めたのが、前方部と土橋で結ばれた出島状施設である。本書では、報告書で用いられた名称の「造り出し」ではなく、「出島状施設」の名称を使用している。これは奈良県巣山古墳でくびれ部両脇に設けられた造出とは別に、前方部から土橋（陸橋）で連結された出島状施設（巣山古墳では「出島状遺構」と呼称）が確認されたことによる。こうした造出や出島状施設といった主墳丘（前方後円墳の場合、後円部と前方部）に付属する施設をわたしは「主墳丘付設施設」とよんでいる。最初にわたしが考えるその構成を以下に示しておこう。

主墳丘付設施設　主墳丘に付設して造成された段状の施設。

基底基壇　墳丘全体を全周しない段。前方部のみ、あるいは墳丘の片側面のみに設けられ、古墳立地点の地形傾斜などとの調整機能を担うことも多い。

造出　主墳丘にとり付く段状施設。古い時期は基底基壇ないしは墳丘第一段目の低い位置に付くが、新しくなると墳丘二段目など高い位置に付く事例が増加する。両側もしくは片側のくびれ部に位置することが多いが、後円部にとり付く例もある。

出島状施設　主墳丘とは土橋によって連結された方形段状の施設。くびれ部にある場合は造出の機能を兼ねる。

墳丘外施設　周濠内や墳丘外など主墳丘から独立した施設。

島状施設　周濠をもつ古墳では周濠内、周濠をともなわない丘陵立地の古墳では主墳丘の外側に造成された円形もしくは方形の独立段状施設。

堤　周濠外側を帯状にめぐる空間。中期後半以降、人物埴輪などの樹立空間としても利用される。

後円部円筒埴輪列と２段目葺石
葺石の基底は石材が大きく、葺石には作業区画とみられる大きな石による縦１列が入る。

埴輪館として用いられた盾形埴輪出土状況

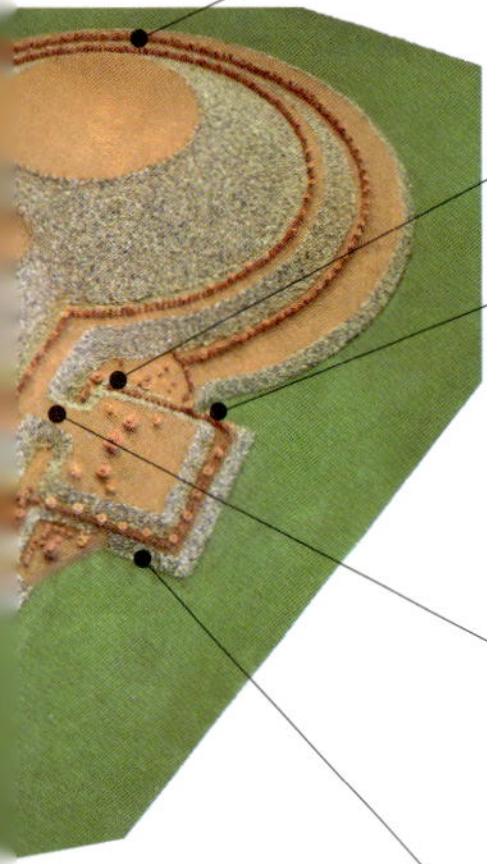

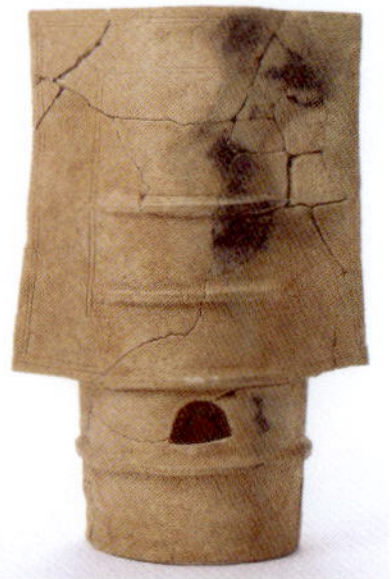

埴輪館として用いられた盾形埴輪

出島状施設西側斜面

出島状施設東側斜面

出島状施設土橋と敷石、前方部３段目葺石

南側くびれ部の円筒埴輪列と２段目葺石
後円部と前方部の屈折点には盾形埴輪が置かれていた。

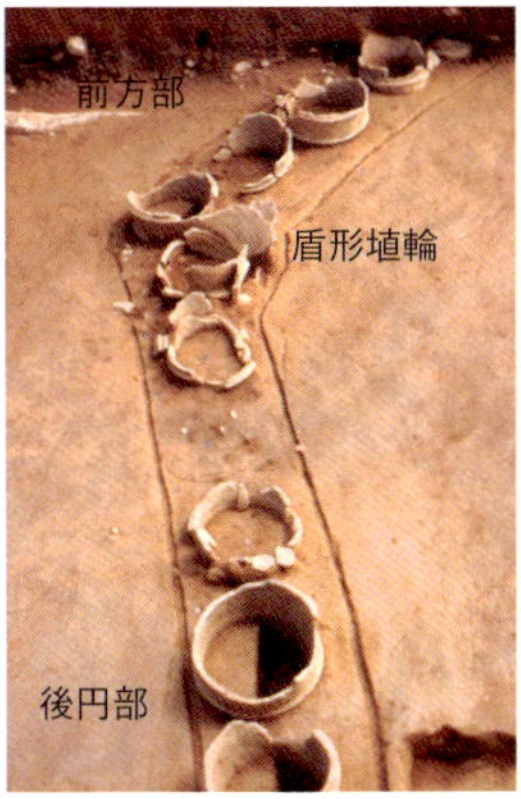

円筒埴輪列と盾形埴輪

くびれ部の盾形埴輪出土状況

前方部南側円筒埴輪列と２段目葺石

前方部３段目葺石

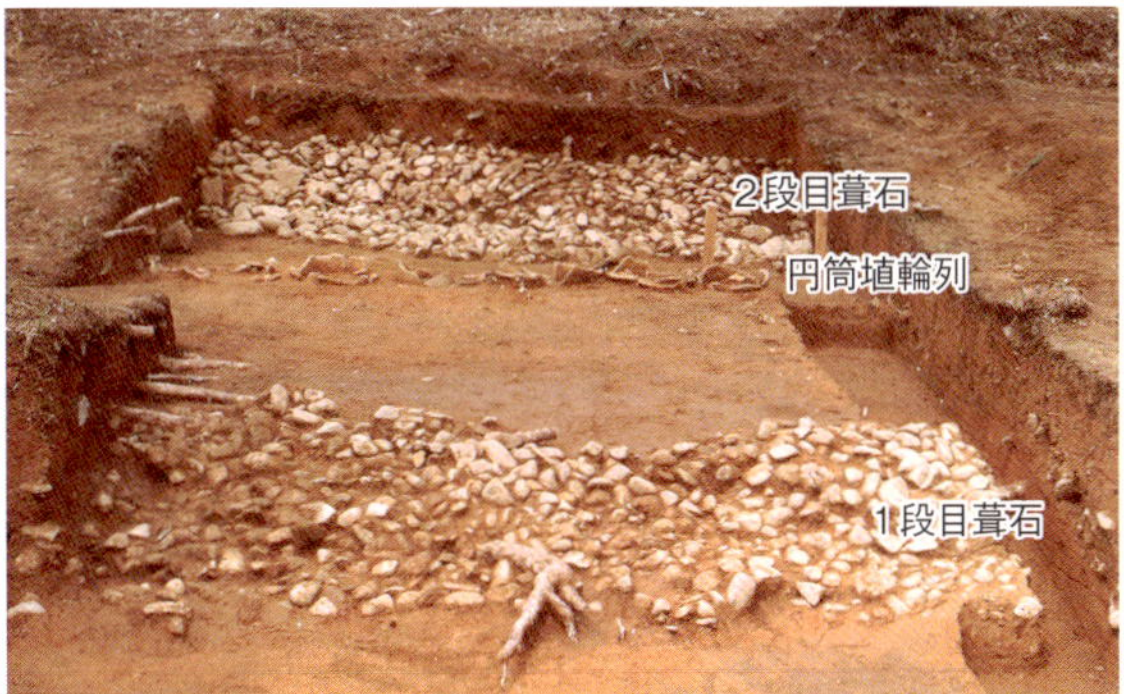

前方部中央１段目（基底基壇）と２段目葺石

図26 ● 宝塚１号墳の調査
宝塚１号墳では段築と葺石、墳丘をめぐる円筒埴輪が良好に遺存していた。後円部頂の埋葬施設こそ未調査だが、伊勢最大の前方後円墳の墳丘の様相はおおむね把握された。

墳形・段築・葺石のデータ

発掘調査によって明らかとなった一号墳は、全長一一一メートル、後円部径七五メートル、前方部幅六六メートルの前方後円墳で、くびれ部前方部側から北へ陸橋で連結された出島状施設をともなう。墳丘の高さは、出島状施設の裾から後円部頂までが一〇メートル、前方部頂までが八・一メートル。

後円部、前方部ともに三段の斜面をもち、斜面には一〇〜二〇センチ大の小さな葺石が敷き詰められていた。斜面と斜面の間にはテラス（平坦面）があり、要所に盾形埴輪をまじえ円筒埴輪列がめぐる。このうち一段目斜面は、後円部西側や南側、前方部南側では未確認で、高さも一メートル未満と低い。二段目斜面は崩落のため不明瞭な部分もあるが、基本的に全周することが確認されており、二〜二・三メートル程度の高さをもつ。これに対し、三段目斜面は前方部側で三〜四・四メートル、後円部側で七・一メートルとなる。つまり、一号墳の墳丘は、三段目がひときわ高く、裏返した大小二枚の低いお盆を重ねた上に、お椀（後円部三段目）を伏せたような形である（図26・27）。

北側が正面

墳丘第一段は墳丘南辺や後円部西辺では確認できず、前方部端部（墳丘東側）と出島状施設を含む墳丘北辺でのみ確認されている。この場合、第一段は本来は全周していたが、土砂流出や後世の開墾等により消失したとみるか、当初から南辺や西辺には第一段が存在せず、前方部

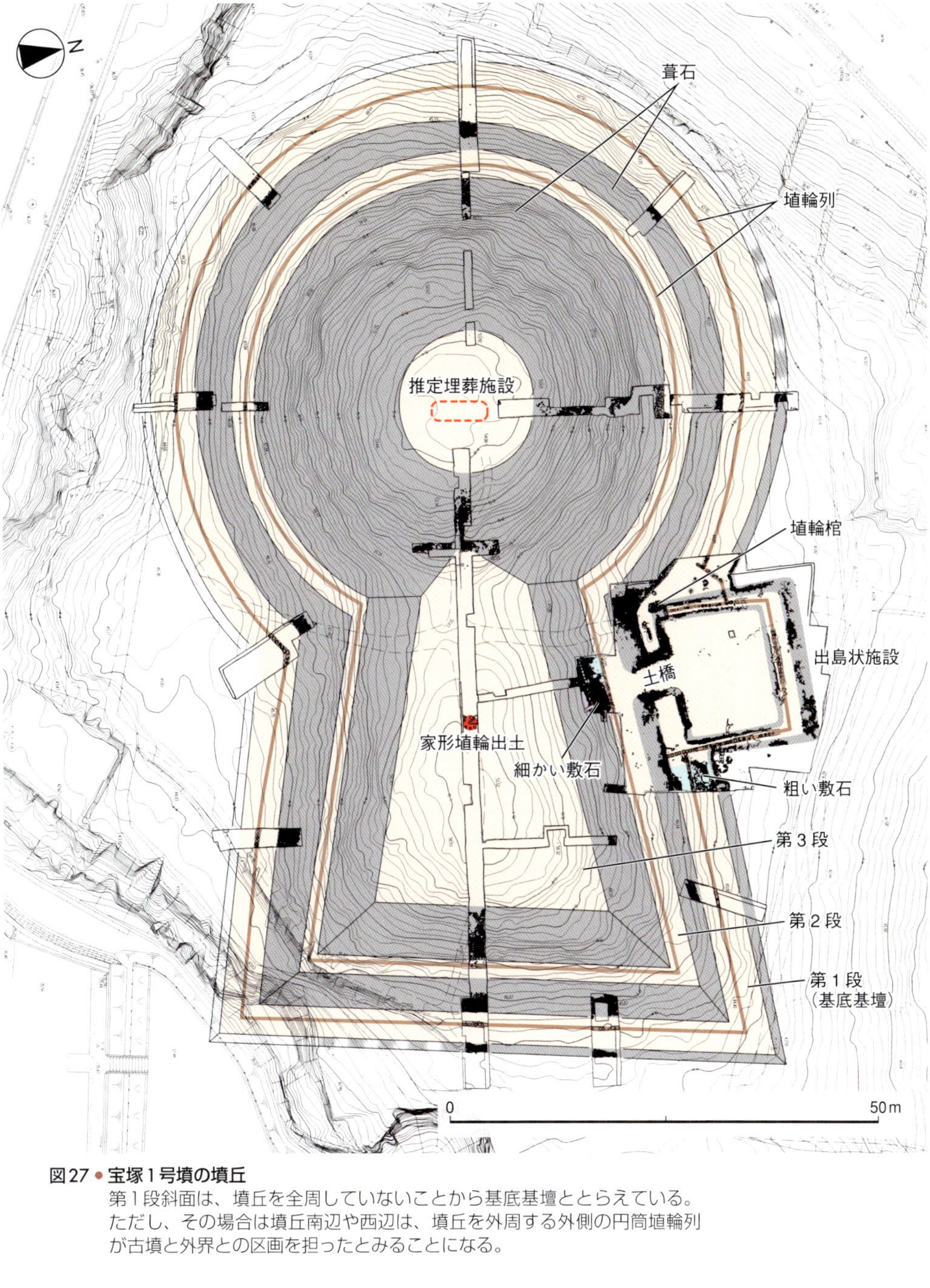

図27 ● 宝塚１号墳の墳丘
第１段斜面は、墳丘を全周していないことから基底基壇ととらえている。
ただし、その場合は墳丘南辺や西辺は、墳丘を外周する外側の円筒埴輪列が古墳と外界との区画を担ったとみることになる。

端部と出島状施設のある墳丘北辺のみ存在したとみる考え方がある。わたしは後者の考え方、すなわち最下段の第一段斜面は墳丘を全周しない「基底基壇」としてとらえるのが適当ではないかと考えている。

同様の事例は、陵墓や陵墓参考地に治定《じじょう》されている前方後円墳も含め、ほかにもある。たとえば、伊賀市石山古墳は、南側に長さ約四キロ、幅約一キロの小盆地に臨む丘陵尾根上に築造された前方後円墳で、小盆地側となる南側とそれにつづく前方部端部（西側）が三段、丘陵がつづく北側が二段である（**図28**）。南側と西側の最下段（一段目）が基底基壇に相当する。この基底基壇を拡張させて円筒埴輪による方形区画を設けた「東方外区」では家形埴輪と囲形埴輪が多数出土し、後円部に付く造出ととらえられる。基底基壇は盆地（集落）側へ向けた側縁だけに存在しており、古墳の正面観であったと推定される。

以上を参考にすると、北側と東側に明瞭な基底基壇と、北側に出島状施設がともなう宝塚一号墳は、北からの視界をより意識した古墳といえよう。北側とは前代に前方後方墳群が相次い

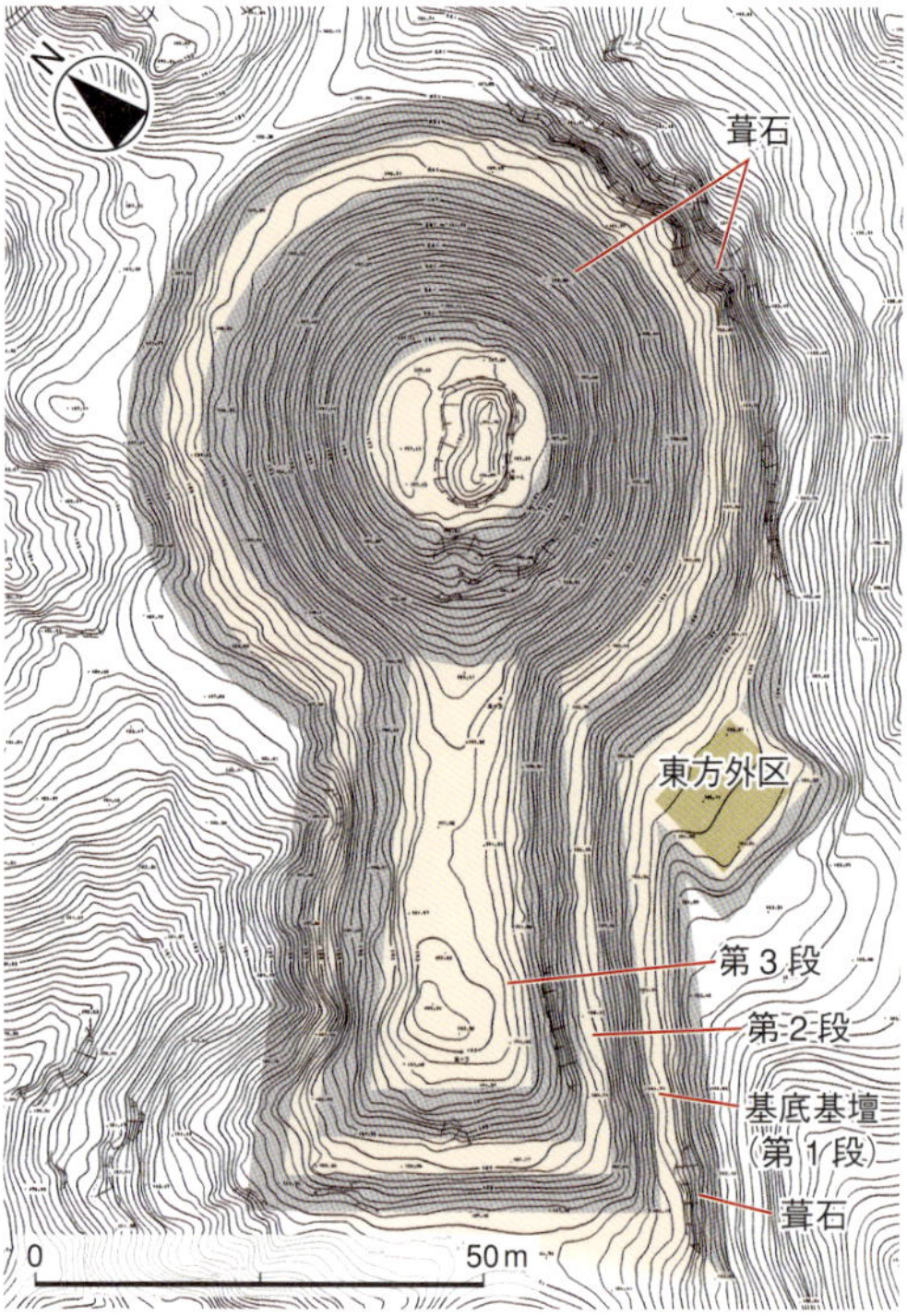

図28 ● 石山古墳の墳丘
多数の家形埴輪と囲形埴輪が出土した「東方外区」は、方位としては南側。裏返した丸いお盆の上に伏せたお椀を載せたような後円部の形状は、宝塚１号墳の後円部に似る。

で築造された一志《いちし》郡の方向であり、実際、一志郡最大の前方後方墳である向山《むかいやま》古墳は、宝塚一号墳から視認可能だった。

出島状施設

宝塚一号墳の出島状施設は、墳丘本体から土橋で連結された方形台状の形状で、上下二段に築成されてその斜面に葺石が敷かれている（図30）。この上下段は、下段が墳丘の一段目（基底基壇）、上段が墳丘二段目に対応・連続し、下段は東西一八メートル、南北一六メートル（土橋を含めると一八メートル）、上段は東西一三メートル、南北一〇メートルの広さをもつ。一段目斜面と二段目斜面の間には、主墳丘同様にテラスが設けられ、要所に盾形埴輪と鍔付壺形埴輪をまじえた円筒埴輪と壺形埴輪（二重口縁壺形埴輪）をそれぞれ列状に配している。一段目基底面から出島状施設面の最高場所との高低差は一・六メートルと低い。

築造企画からみた墳形

ここで、古墳の「築造企画論」の視点をとり入れ、一号墳の墳形の特徴を把握しよう。

「築造企画論」とは、古墳築造にあたって、古墳の施工・管理を担う集団が設計図に相当する築造企画をもっており、この設計図を究明することで古墳形状の発展や年代差、古墳間の相互関係などを知ることができるとする考え方で、複数の論者から異なった方法が示されている。ここでは、石部正志《いしべまさし》・宮川徏《みやかわすすむ》氏らの企画論を参照してみよう。

この企画論では、帆立貝形古墳を含む前方後円墳を築造する設計の基本単位となる一区を後円部径を八等分した数値とし、前方部の長さはこの数値に規定されたとする。そして前方部は後円部径の八分の一の一区型から、後円部径と等しい八区型までに造られたとし、前方部が一区型から四区型までを帆立貝形古墳（帆立貝形前方後円墳）、五区型以上を定型的な前方後円墳とする。ちなみに現応神陵の誉田山《こんだやま》古墳は五区型、現仁徳陵の大山《だいせん》古墳は八区型となる。また、この企画論は習慣尺としての身体尺「尋《ひろ》」を古墳築造の基準尺とする尺度論と連動し、一尋一六〇センチから数センチ幅の大尋と、一尋一五〇センチから数センチ幅の小尋の二種類が古墳築造から埴輪配置、横穴式石室の設計などにも用いられたとする。

宝塚一号墳は、一尋一五四センチの小尋を基準尺としてつくられたとすると、一区は六尋（九二四センチ）で、全長は後円部八区と前方部四区の一一〇・八八メートルとなり、ほぼ発掘調査成果と符合する（**図29右**）。さらに、その数値である一尋一五四センチを出島状施設に重ねると、その平面形や葺石、埴輪列の施工位置までもが見事にこれに重なる（**図29下**）。つまり、一号墳は墳形から埴輪配置に至るまで、築造企画に沿って施工されていたのである。

ただ、この企画論では、宝塚一号墳は墳丘全体でみれば四区型で、前方後円墳としては前方部がやや短い帆立貝形の前方後円墳となるが（**図29右**）、基底基壇を含めず墳丘二段目から適応させると五区型、すなわち定型的な前方後円墳となる（**図29左**）。つまり、宝塚一号墳は、若干前方部が短い帆立貝形の外周に、典型的な前方後円墳が載る形といえよう。

倭王権の大王墓は、いずれも五区型以上の定型的な前方後円墳であり、それより前方部が短

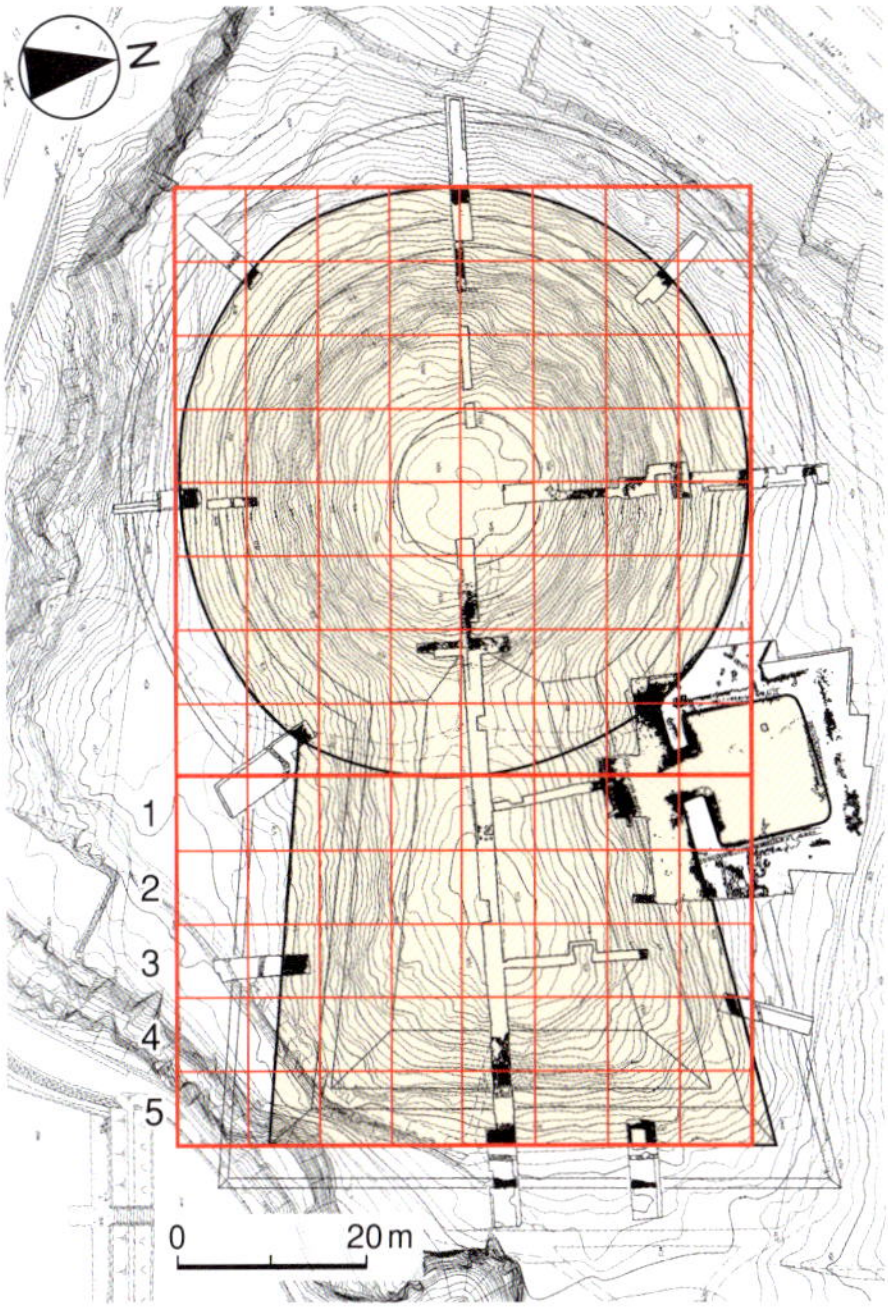

２段目を基準とした設計地割（５区型）

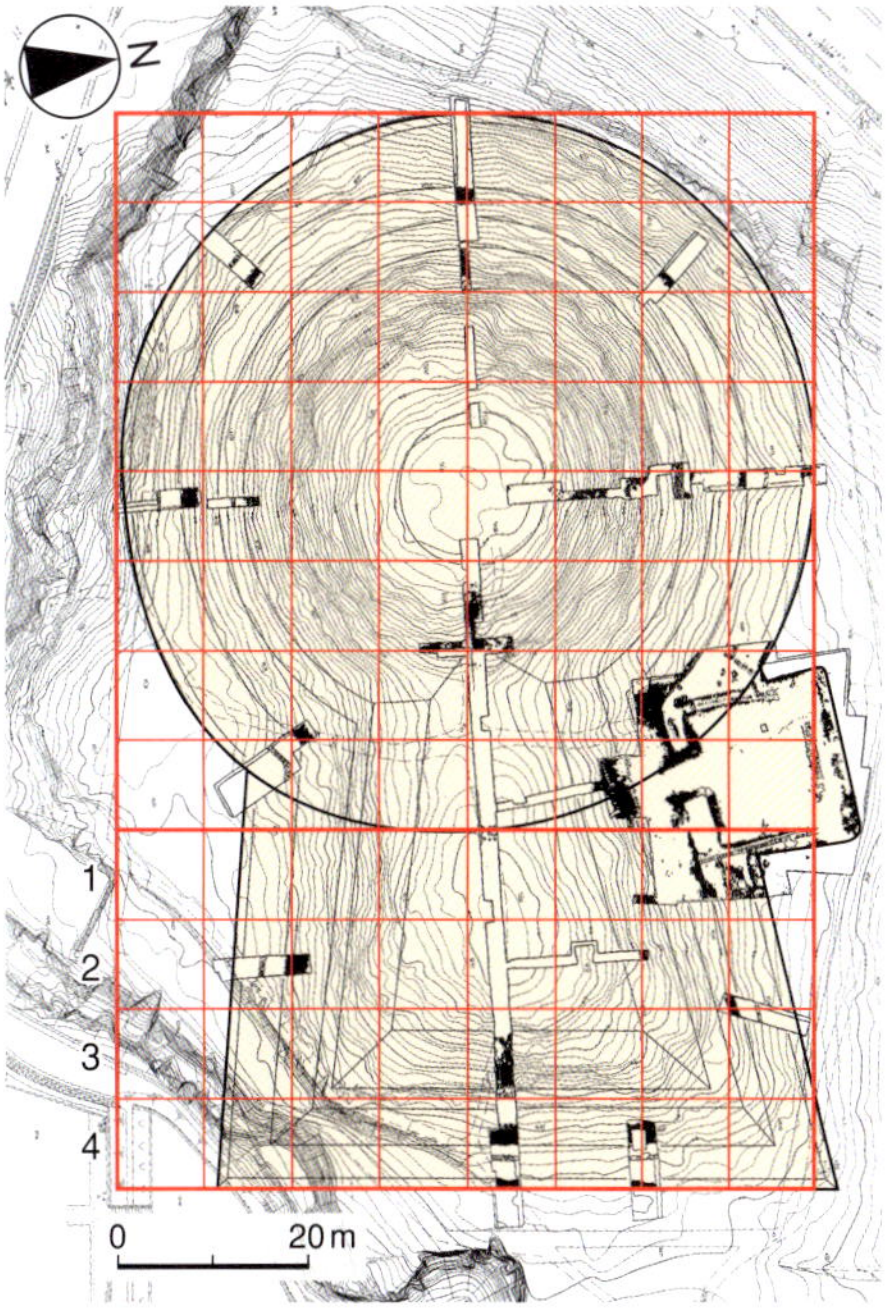

１段目（基底基壇）を基準とした設計地割（４区型）

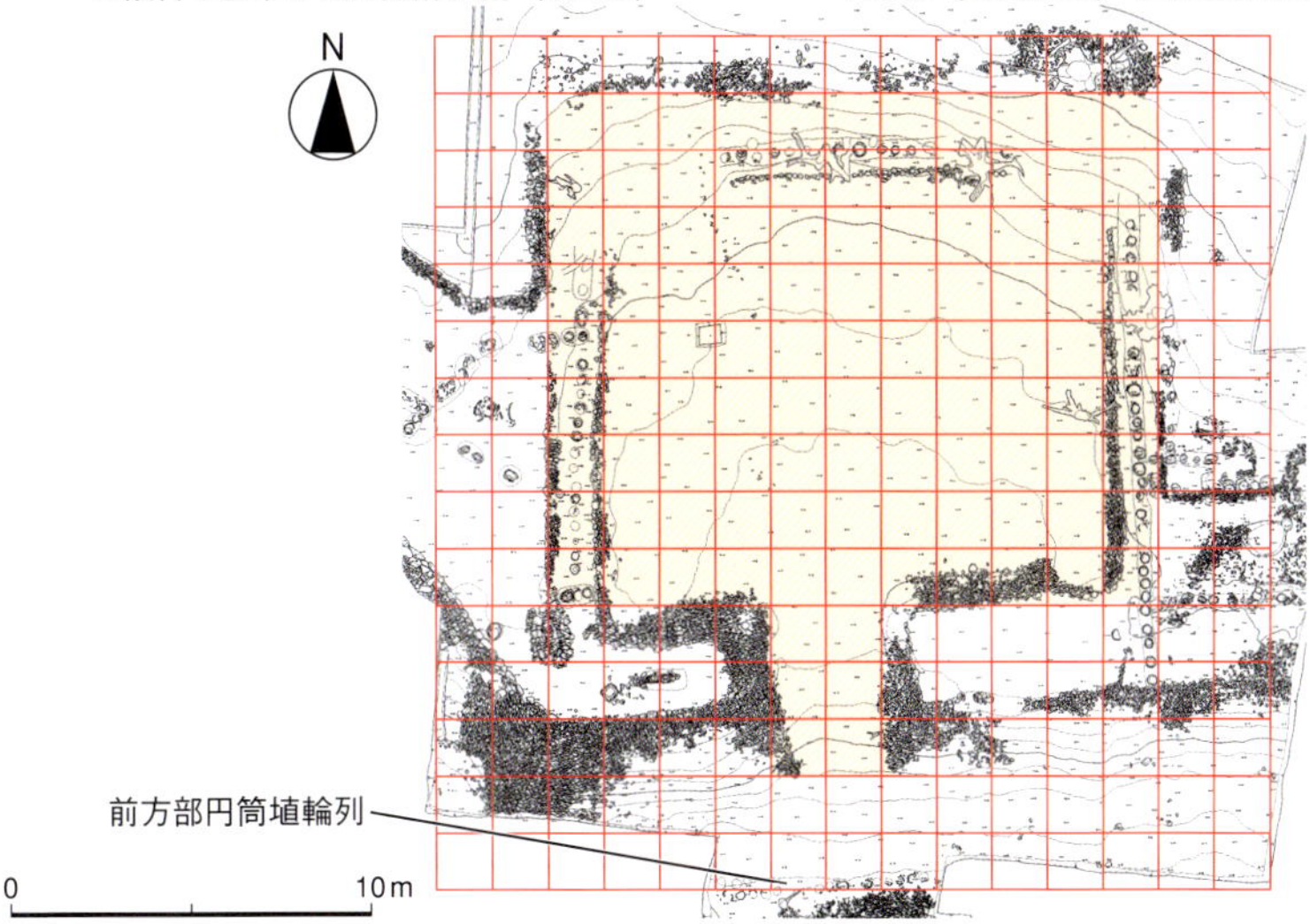

１辺154 cmの方眼をかけた出島状施設

図29 ● 石部氏らの築造企画論による宝塚１号墳の地割
後円部を八等分した「１区」を基準値として前方部長を規定する企画論。この案では、前方部が１～４区を帆立貝形古墳、５～８区を前方後円墳とする。

い帆立貝形の古墳はその陪冢《ばいちょう》など大王墓に随伴する古墳に多い形状とされる。つまり、一般的には五区型以上の定型的な前方後円墳が、四区型以下の古墳よりも墳形としての「格式」が高く、被葬者の身分も高かったとみなしうる。

このことを宝塚一号墳にあてはめると、伊勢最大の墳丘を築造しえた宝塚一号墳の被葬者は、多くの労働力を動員できる相当大きな経済的基盤を有してはいたが、墳丘の格式からみると大王墓や近畿地方の有力首長墳ほどの格式には至らなかった。しかし、同時期の伊勢には、宝塚一号墳に比肩しうる墳丘をもつ古墳は存在せず、伊勢においては最高の地位と経済力を保持していたとみることができよう。

埋葬主体はどこに

宝塚一号墳では、埋葬施設の発掘調査はされなかった。しかし、レーザー探査により、後円部墳頂下一・二メートル以上の深さに、全長七メートル弱の粘土槨と推定される南北主軸の主体部が想定されている（**図27**）。このほか、前方部で家形埴輪が出土した地点も主体部が存在した可能性が説かれている。ちなみにこの位置は、奈良県島の山古墳の前方部埋葬施設があったとされる場所とほぼ同位置である。

さらに、出島状施設南西裾には盾形埴輪を伏せた埋置があり、埴輪棺とみられている（**図26**）。出島状施設の葺石を壊して設置されていたことから、葺石施工時より新しい。

以上のことから、宝塚一号墳は、後円部以外にも複数の埋葬施設の存在が想定されるが、相互の時期差も含め、その詳細な把握は今後の課題である。

3　全貌をあらわす出島状施設

出島状施設は、低いながらも二段に築成されており、下段（一段目）のテラスには円筒埴輪や二重口縁壺形埴輪がめぐる（図30）。出島状施設上面（二段目）の埴輪配置の詳細は不明である。施設外側の空間（施設の東西）には家形埴輪と囲形埴輪を中心とした形象埴輪群があり、最奥部には船形埴輪がおかれていた。その詳細をみていこう。

施設をめぐる円筒埴輪と壺形埴輪

出島状施設の一段目テラス上にあって、西・北・東の三方向を列状区画する埴輪列は、円筒埴輪と二重口縁壺形埴輪（図12参照）で構成される。墳丘流出のため、施設の西北隅と東北隅の配置状況は不明だが、西辺は楕円筒埴輪をまじえた二重口縁壺形埴輪列が、北辺は中央に盾形埴輪を配した円筒埴輪列が、東辺には鰭付壺形埴輪と盾形埴輪（図12②・21②参照）をまじえた円筒埴輪列がある。

円筒埴輪が並ぶ東辺列は、出島状施設の下段テラスが前方部一段目テラスに連続し、出島状施設の円筒列はそのまま南側へ延びて、前方部二段目斜面葺石の基底石に突き当って止まるとともに、前方部一段目テラスの円筒埴輪列をT字状に受け止める。盾形埴輪は、出島状施設の東辺中央と、この前方部円筒列との接続部に配される。

一方、二重口縁壺形埴輪が並ぶ西辺列は、出島状施設の下段テラスが後円部の一段目テラスに連続せず、出島状施設西辺の下段斜面が後円部一段目テラスの上面に乗り上がり、一段高くなっている。そのため出島状施設西辺は、後円部一段目テラスから見れば二段、墳裾から見れば後円部一段目を含めた三段に築成されている。

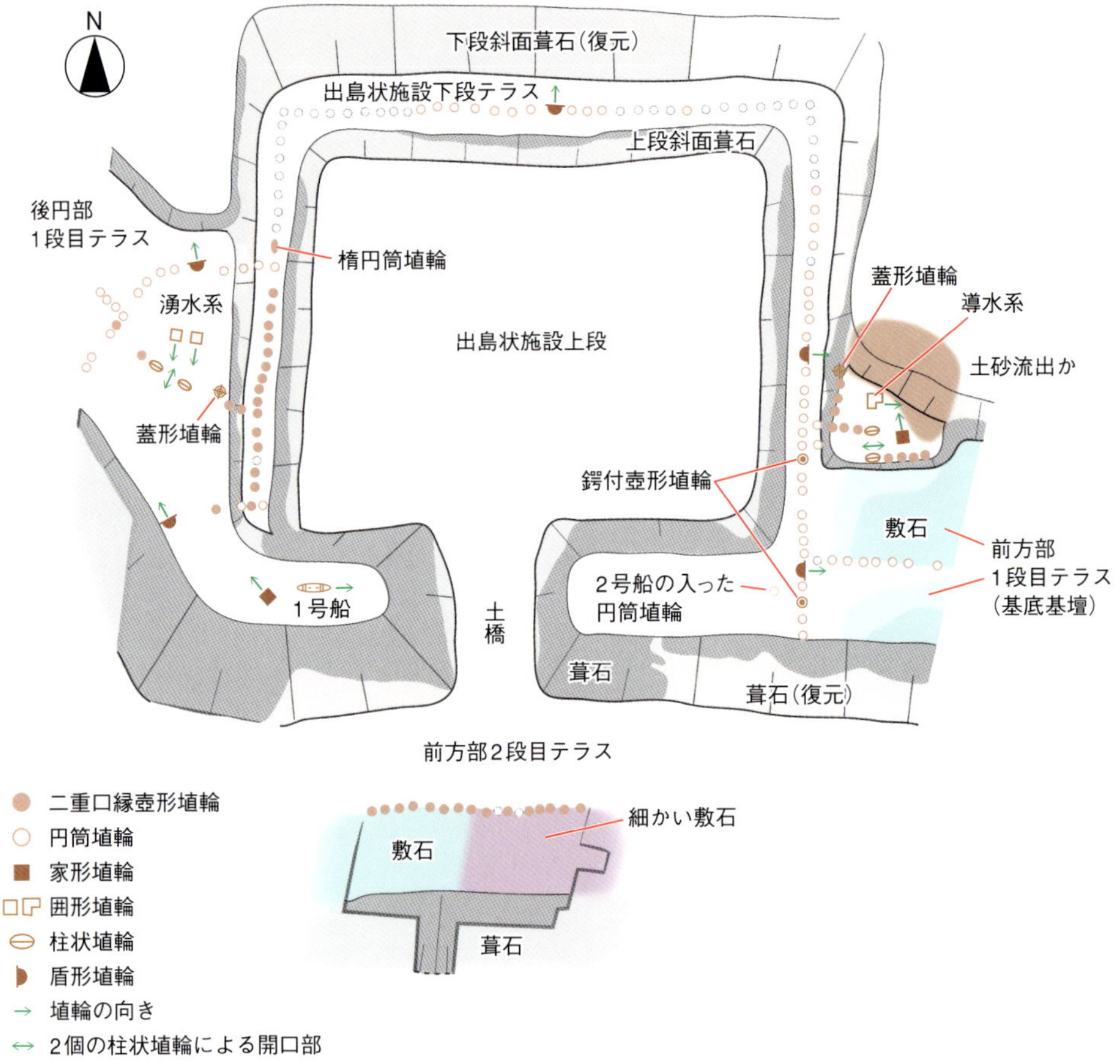

図30 ● 出島状施設と埴輪配置
導水施設型と湧水施設型の囲形埴輪を東西に振り分けた埴輪配置。出島状施設上面には原位置を残す埴輪はなかったが、家形埴輪を中心とした埴輪が配されたとみられる。

そして、埴輪列の最南端に置かれた二重口縁壺形埴輪の東西両脇には円筒埴輪が一基ずつ配され、下段テラス南端を⊥字形に止める。

出島状施設の上段は、残念ながら削平のため原位置をとどめる遺物は確認されなかった。しかし、出島状施設周辺に転落した埴輪の出土状況から、家形埴輪や柱状埴輪、鳥形埴輪が存在したとされ、さらに盾形埴輪や蓋形埴輪も出島状施設と船形埴輪一号船との間から出土したことから、出島状施設上段に存在した可能性がある。

囲形埴輪の樹立位置と配置の詳細

出島状施設の東裾には導水施設型の囲形埴輪と家形埴輪を中心とした一群がおかれ、西裾には湧水施設型の囲形埴輪二基を中心とした一群がおかれていた。それぞれの詳細をみていこう。

導水施設型囲形埴輪群　出島状施設の東裾、出島状施設下段斜面よりもさらに外側に、一種の「埴輪樹立区」として存在する（図31）。具体的には、南北に樹立する柱状埴輪二基を起点とし、北側は壺形埴輪六基と蓋形埴輪一基で屈折するL字状列を形成し、南側は東へ四基の壺形埴輪列がつづく。そして、その内側には、導水施設型囲形埴輪一基と鰭付の家形埴輪一基がおかれていた。しかし、これですべてとすると、家形埴輪と囲形埴輪は北側と東側を何の遮蔽もせずに露出状態となり、いささかおさまりが悪い。

つまり、この「平坦面」は削平などのため北側と東側の埴輪列が流出している可能性がある。その場合、上田睦《うえだむつみ》氏がかつて復元したように、本来は南側を柱状埴輪による喰い違い入口とした壺形埴輪列が方形にめぐり、その内側に方向を墳丘外（東側）に向けた囲形埴輪と家形埴輪がおさまっていたと推定される。

湧水施設型囲形埴輪群　出島状施設の西裾、出島状施設と後円部の間の「谷部」におかれていた（**図32**）。すなわち、後円部一段目テラスをまわる円筒埴輪列を⊥字形に遮るように、盾形埴輪一基を含む円筒埴輪列が後円部二段目斜面の葺石基底部側から出島状施設下段テラスまで列状におかれ、出島状施設西辺の上段斜面に遮られて止まる。

湧水施設型囲形埴輪二基は、ともに開口部を墳丘側（南側）に向けて東西に並んで置かれ、さらにその南側には蓋形埴輪一基と、中央部に柱状埴輪二基を配して壺形埴輪列が間隔を疎ら

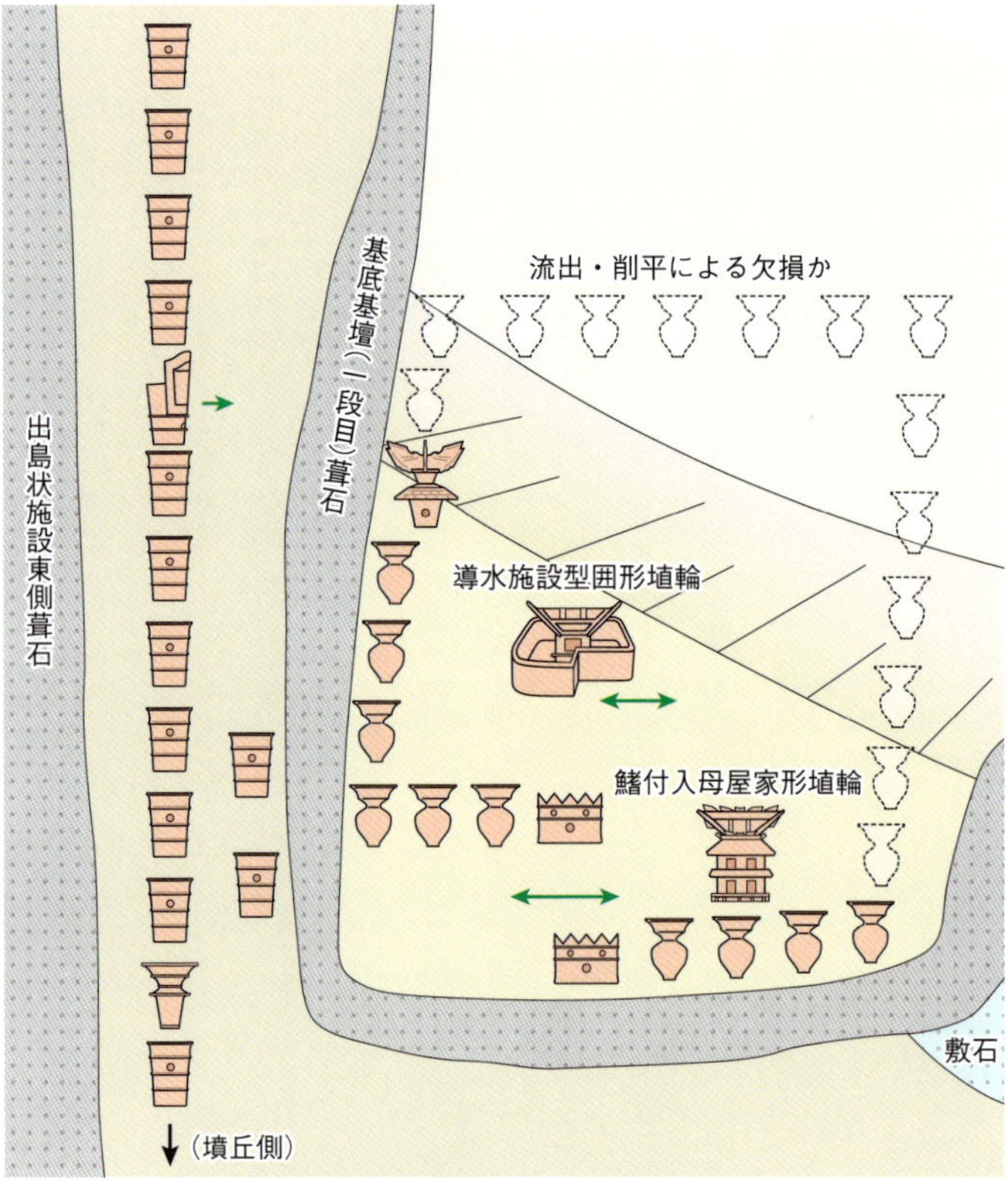

図31 ● 出島状施設東裾の埴輪配置（北側は推定復元）
導水施設型囲形埴輪を中心にした埴輪樹立区。柱状埴輪による喰い違い入口があるにもかかわらず、北側が閉じられていない状況から、北側は埴輪が流出している可能性が高い。

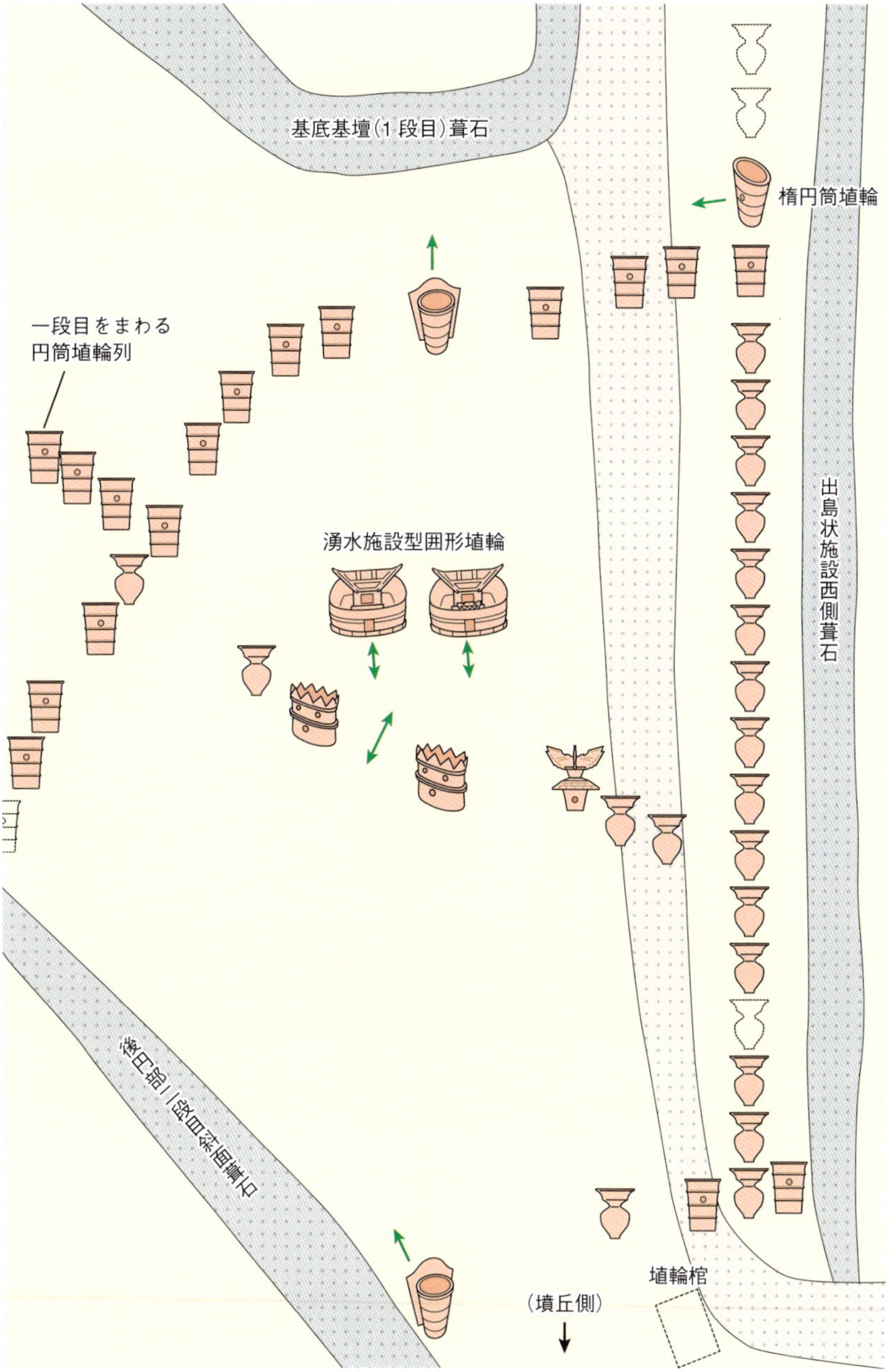

図32 ● 出島状施設西裾の埴輪配置
湧水施設型囲形埴輪を中心とした埴輪樹立区。2基が並ぶ囲形埴輪の開口部は、いずれも墳丘側に向く。

に配されていた。二基の柱状埴輪が門柱的機能を担ったとすると、湧水施設型囲形埴輪二基は、北及び西側を盾形埴輪と円筒埴輪列で遮蔽したうえで、南側（墳丘側）を壺形埴輪列で区画していたことになる。

船形埴輪のおかれた位置

出島状施設と主墳丘とをつなぐ土橋基部の両脇から船形埴輪が出土したことは先に述べたが、もう少しくわしくその状況をみておこう。

出島状施設西側、湧水施設型囲型埴輪群の南の後円部二段目の裾付近に、盾面を外側に向けた盾形埴輪一基があり、そこからさらに土橋方向へと回り込んだ出島状施設西裾の最奥部に、一号船が家形埴輪一基と並ぶように配されていた（図30）。二号船については、一部の破片が東裾におかれた円筒埴輪内に詰められた状態で出土したが、その本来的な位置の詳細は不明である。

4　出島状施設の系譜

「出島状施設」という選択

宝塚一号墳では、造出ではなく、出島状施設という形状が選択されていたが、この時期には別に島状施設や造出もすでに成立していた。これらは、どのような経緯で成立し、またどういう意味があったのだろうか。

まず、奈良県巣山古墳の事例をみてみよう（図33③）。巣山古墳では、上面で一一・五×七メートル、下面で一六×一二メートルの長方形を呈した出島状施設があり、施設外側（周濠側）の北西隅と南西隅には、あたかも四隅突出墳のような突出部が存在する。陸橋及び出島状施設の法面《のりめん》には貼石が施され、特に堤側の辺（施設西面）は小礫による洲浜状の緩やかな石敷斜面を形成する。突出部は、周濠へ下りるための通路を兼ねたものであろう。施設上面および周辺からは三体の水鳥形埴輪をはじめ、家・囲・柵・盾・蓋の形象埴輪が配されていた。また、施設外側の周濠内には、貼石護岸された瓢箪《ひょうたん》形の島状施設がある。

巣山古墳では、出島状施設は前方部でも端部寄りに付設され、くびれ部には別途造出が存在することから、両者は機能を分担していたことをうかがわせる。一方、墳丘長において巣山古墳の半分以下の宝塚一号墳では両者を併存させず、出島状施設をくびれ部に配することにより、造出の機能も包含させたとみられる。

同様に、主墳丘から独立した島状施設においても、造出や出島状施設と機能面で重なる部分が大きい。たとえば、兵庫県神戸市五色塚古墳では、くびれ部に方形の島状施設をもつ（図33①）。その位置や形状は宝塚一号墳の出島状施設と共通するが、土橋はない。

大阪府津堂城山古墳でも、くびれ部に設けられた造出とは別に、周濠内に島状施設がある（図33②）。この島状施設は、四隅に大形石を配し、堤側の側縁中央を凹ませて小礫を敷き詰めた洲浜状とし、施設上面には水鳥形埴輪三体を配していた。洲浜状の意匠や島状施設の周濠内での存在位置、さらに樹立された水鳥形埴輪などは巣山古墳出島状施設との共通性が大きく、両者の築造には密接な関係がありそうだ。

このように、造出、出島状施設、島状施設は存在形態こそ異なるが、機能のうえでは重なる部分も大きく、特に四世紀後半から五世紀前半にかけての造出成立期においては、これらが模索されながら併存したとみられる。そして、島状施設は、津堂城山古墳の水鳥形埴輪の存在を重視すれば、文字どおり周濠内の「島」としての含意があったとみられる。

出島状施設が示すもの

五色塚古墳や津堂城山古墳の島状施設は隅部が強調され、突出ぎみの曲線的な意匠を呈していた。宝塚一号墳出島状施設の西北隅と東北隅も土砂流出のため巣山古墳ほどは明瞭でなかったが、遺存した葺石の貼り方が他と異なっており、隅部が強調されたことは明らかで、ことによると本来は若干の突出部を形成していた可能性がある（図26）。そうであるなら、この特徴は五色塚古墳から津堂城山古墳、巣山古墳を経て、宝塚一号墳まで地域や時代を超えてつながってくる。

そして、津堂城山古墳や巣山古墳の水鳥形埴輪の存在、宝塚一号墳の船形埴輪の存在、巣山古墳の船形木製品の存在、洲浜状の葺石などの存在からイメージされるのは、「海」ではないだろうか。施設外方に付設された突出部や隅部が強調された形状は、海へ降り立つ通路と見てとれる。

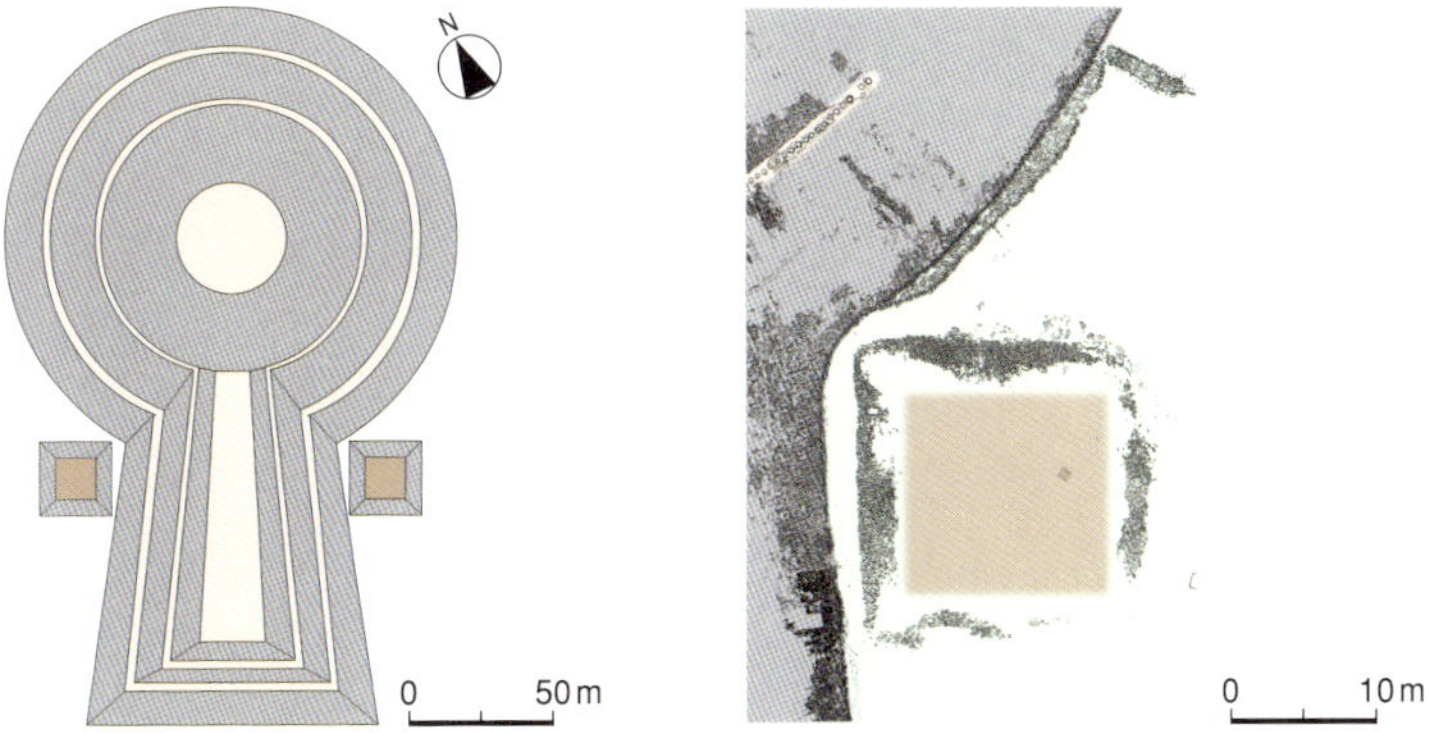

①五色塚古墳と島状施設

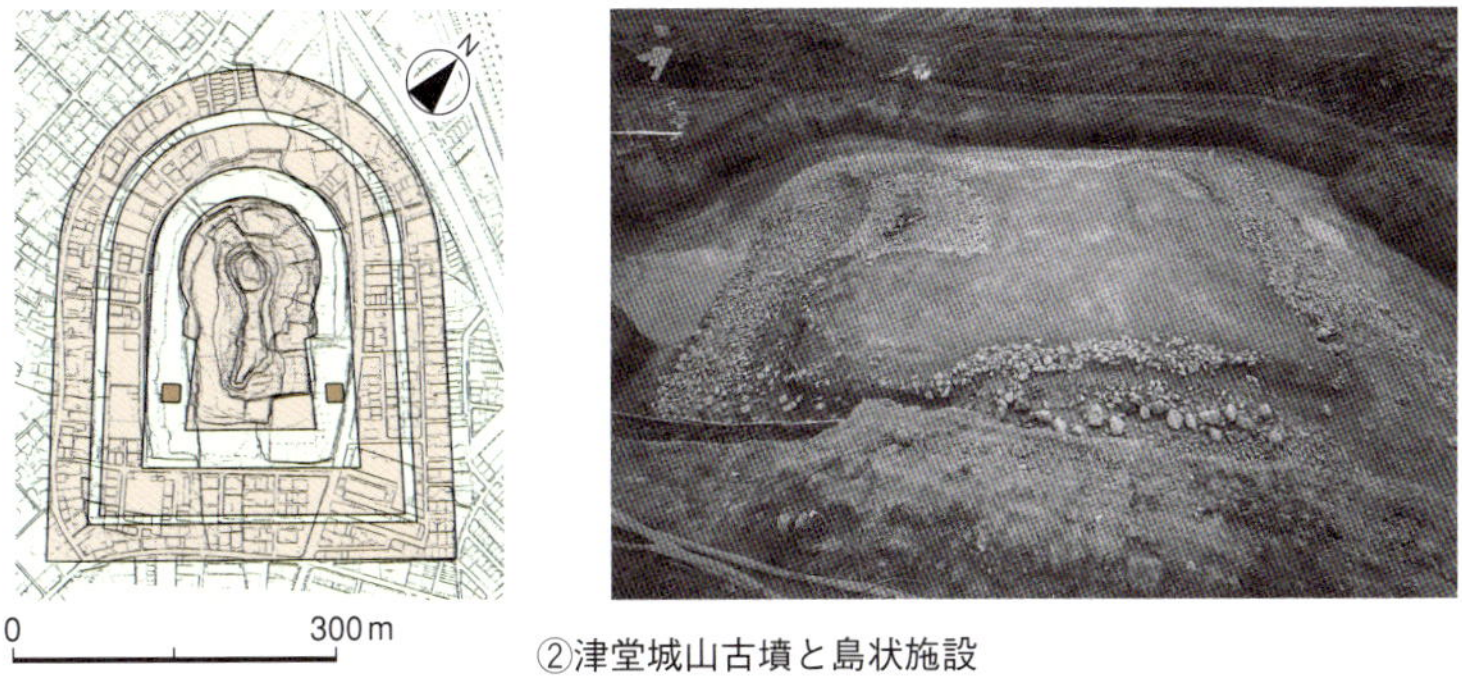

②津堂城山古墳と島状施設

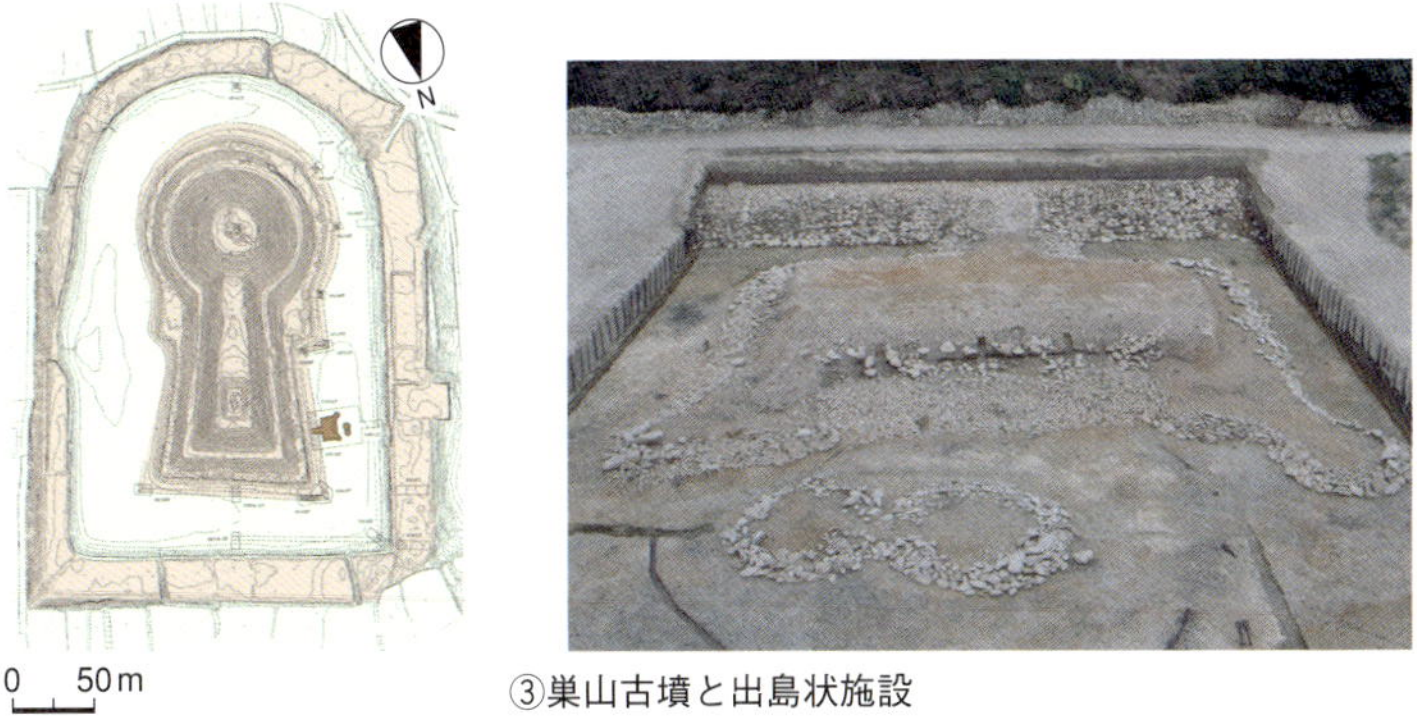

③巣山古墳と出島状施設

図33 ● 島状施設と出島状施設の系譜

津堂城山古墳の島状施設と巣山古墳の出島状施設はともに隅部が強調され、突出した状況を示すが、宝塚1号墳の出島状施設の隅部（図26）もこの傾向がある。

ヤマトタケルの大葬歌

ここで注目したいのは、伊勢の能褒野《のぼの》で亡くなった後、白鳥と化して飛揚していったヤマトタケル葬礼に関する記載である。『古事記』景行天皇段には、能褒野で死んだヤマトタケルのもとへ、ヤマトから妻子らが至り、御陵をつくって弔いをおこなったことが記され、そこで詠われたとされる大葬歌が残る。

是《ここ》に、倭《やまと》に坐《いま》しし后等《きさきたち》と御子等《みこたち》と、諸《もろもろ》下《くだ》り到《いた》りて、御陵《みはか》を作りて、即ち其地《そこ》のなづき田《た》を匍匐《はらば》ひ廻《めぐ》りて哭《な》き、歌為《うたよみし》て曰《い》はく、

①なづき田《た》の　稲幹《いながら》に　稲幹《いながら》に　這《は》ひ廻《もとほ》ろふ　野老蔓《ところづら》

是に、八尋《やひろ》の白《しろ》ち鳥《とり》と化《な》り、天《あめ》に翔《かけ》りて、浜に向《むか》ひて飛び行《ゆ》きき。爾《しか》くして、其の后と御子等と、其の小竹《しの》の刈杙《かりくひ》に、足を跳《き》り破《やぶ》れども、其の痛みを忘れて、哭き追ひき。此の時に、歌ひて曰はく、

②浅小竹原《あさじのはら》　腰泥《こしなづ》む　空《そら》は行《ゆ》かず　足《あし》よ行くな

又、其《そ》の海塩《うしほ》に入《い》りて、なづみ行きし時に、歌ひて曰はく、

③海処《うみが》行けば　腰泥《こしなづ》む　大河原《おほかはら》の　植《う》ゑ草《ぐさ》　海処《うみが》は　いさよふ

図34● 能褒野古墳の傍らに建てられた能褒野神社
江戸時代まで能褒野陵は亀山市の武備塚があてられ、本居宣長は鈴鹿市の白鳥塚1号墳を想定した。明治に入り、当時の宮内省は当地最大の前方後円墳であった能褒野古墳を日本武尊能褒野墓に治定した。

又、飛びて其の礒《いそ》に居《ゐ》し時に、歌ひて曰はく、

④浜《はま》つ千鳥《ちどり》　浜よは行かず　礒伝《いそづた》ふ

是の四《よ》つの歌は、皆其の御葬《みはぶり》に歌ひき。故《かれ》、今に至るまで、其の歌は、天皇《すめらみこと》の大御葬《おほみはぶり》に歌ふぞ。（番号・傍線筆者付与）

とくに最後の二首は一見して海をモチーフとしていることがわかる。ヤマトタケル大葬歌は、『古事記』作成時、天皇崩御の際に歌われたとされる大葬歌であり（傍線部）、古くから宮廷に伝わる歌謡ということになる。宮廷の葬礼にかかわる歌謡に、海と鳥のモチーフが入り込んでいることが注目される。さらに、御陵へ下向してきた后や御子らが「匍匐ひ廻りて哭き」歌ったことは、喪葬《そうそう》における儀礼を示すものとしても注意される。つまり、ヤマトタケル大葬歌が示す葬礼の状況は、出島状施設や島状施設におかれた家や鳥、水鳥などと照応関係にあるとみてよいだろう。

このように、ヤマトタケルの大葬歌を介することによって、古代の喪葬観念や古代葬礼の具体的な所作が、断片的ながら今によみがえってくる。ここにおいて、古代歌謡と考古資料は照応し、新たな地平を拓くものとなる。

次章では宝塚一号墳の出島状施設がもつ意味を、その両裾に置かれた囲形埴輪を介してをさらに考えてみよう。

第3章　喪葬次第を写す舞台

1　外界から閉ざされた埴輪群

船形埴輪や囲形埴輪で注目すべきことのひとつは、それらの埴輪が外の視界から閉ざされていたことである。宝塚一号墳の出島状施設はそれ自体低平で、まさに「見せるため」の舞台ともいえる。しかし、船形埴輪は、出島状施設の最奥部、墳丘に向かって回り込んだ土橋裾の脇にあり、墳丘の外側からはまったく視界に入らない。

囲形埴輪は、円筒埴輪や壺形埴輪に囲まれた状態で存在するとはいえ、その存在自体は外界からも見ることができる。しかし、この埴輪の根幹部分ともいうべき木槽樋形土製品や井戸状土製品は、遮蔽施設と覆屋としての小型家形埴輪の中にあるため、外界からはまったく見えない。この状況は、墳丘側に立っても同じである。

形象埴輪がおかれるのは、葬儀の参列者が死者の生前の職掌などを顕彰するためという説もあるが、少なくとも宝塚一号墳の出島状施設の状況は、外界に対して開かれた状況とはいえない。その効力は、葬儀に参列した者に向けられたものではなかったであろう。

ここで参考になるのは、大阪府堺市河内黒姫山古墳《くろひめやま》における形象埴輪の出土状況である。黒姫山古墳では、後円部方形区画を構成する形象埴輪のうち、甲冑や靫、盾などの表裏のある武具系器財埴輪はすべて内側、すなわち埋葬施設側に向けられていた（図35）。同様に、後円部と前方部を画する位置に樹立された盾形埴輪列も、後円部側（埋葬施設側）に向けられていた。

つまり、黒姫山古墳の形象埴輪は埋葬主体（死者）に対して、何らかの呪的効力が発現するよう仕向けられていた。宝塚一号墳についても、形象埴輪の樹立は、葬儀参列者ではなく、死者にかかわる何らかの呪的目的で樹立されたとみられるのではないだろうか。

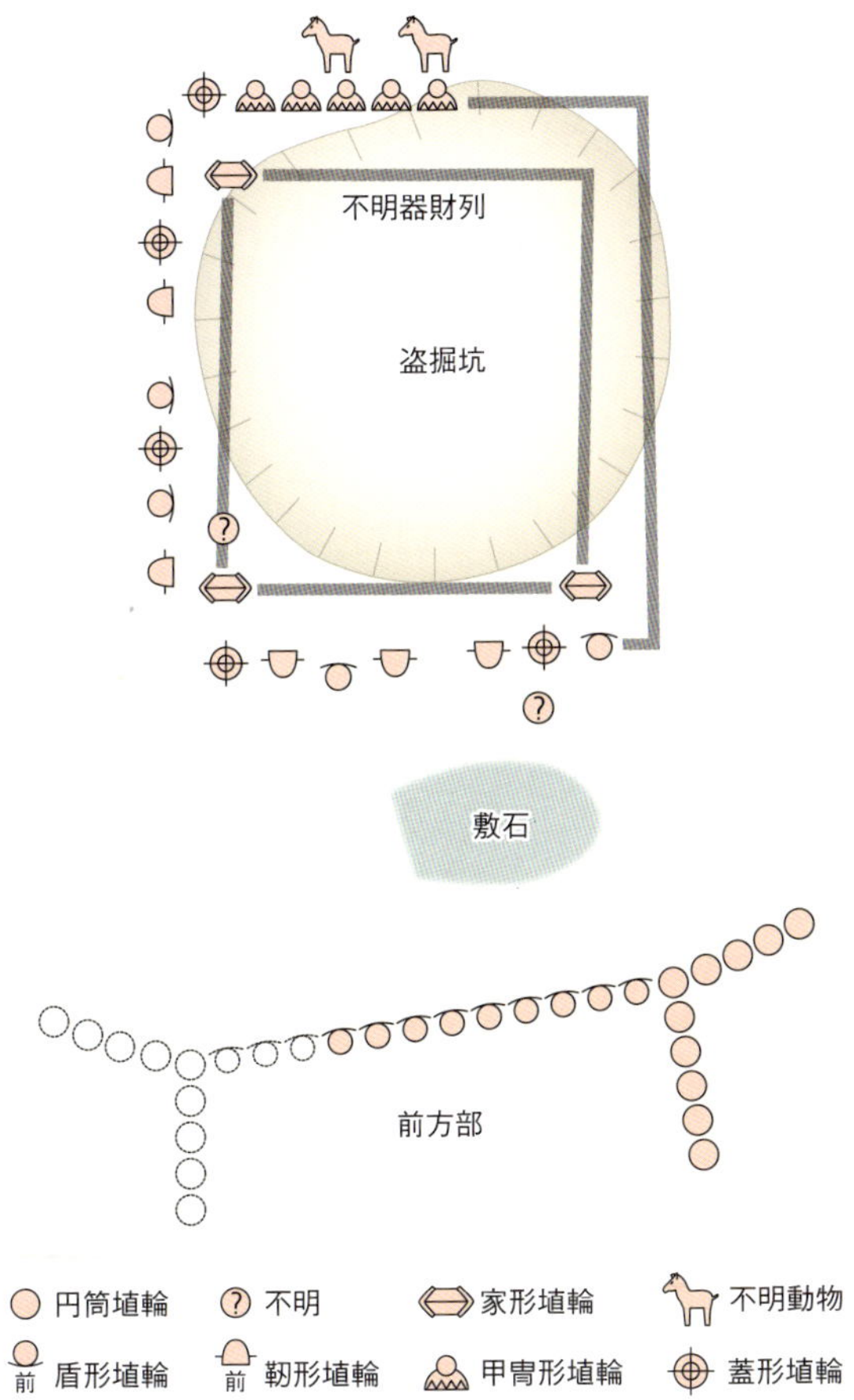

図35 ● 黒姫山古墳後円部の埴輪配置
器財埴輪のなかでも盾・靫・甲冑といった表裏をもつ武具系の埴輪は、表面を埋葬施設に向けて樹立されていた。

2 囲形埴輪を読み解く

出島状施設の性格を解くうえで、船形埴輪とともに重要な鍵を握るのが囲形埴輪である。囲形埴輪樹立の意味をどうとらえるかは近年の研究でも見解が分かれており、埴輪樹立の意味から「古墳」とは何かという本質的な問題へ迫る内容をはらんでいる。

以下、この問題を読み解いていこう。

導水施設は「祭祀」の場か

囲形埴輪の性格をどうとらえるかは、そのなかにおかれた導水施設の性格をめぐる議論と連動してきた。これまで導水施設は、祭祀場説を筆頭に、禊《みそぎ》場説、死者（祖）に捧げる特別な水の採取説、殯所《ひんしょ》説、トイレ説、産屋《うぶや》説などの見解がある。このうちトイレ説と産屋説は、導水施設周辺より人糞に由来する寄生虫卵が出土したことから提唱されたものだが、調査関係者を中心に根強い反論がある。

祭祀場説は、導水施設をカミをまつる祭祀施設、具体的には古墳時代の首長が水のマツリをおこなった場とするものである。その考え方に立てば、囲形埴輪は古墳時代の首長が生前におこなっていた祭祀の場を古墳上に演出し、その活動を顕彰した象徴空間ととらえることができ、形象埴輪の「生前顕彰説」と調和性がある。しかし、古代祭祀は、出雲大社の祭主就任にともなう祭祀や、天皇就任儀礼である大嘗祭など室内空間でおこなわれたものもあるが、多くは開放空間でおこなう庭上祭祀《ていじょうさいし》を基本としている。したがって、導水施設のような厳重に「閉ざされた空間」でおこなわれた行為は、古代祭祀の実態とはいささか乖離《かいり》しているように思われる。

禊場説については、神マツリをおこなう前段階としての禊を想定する説と、古墳へ入る前の死者が禊をする場ととらえる考え方がある。主体が「神」か「死者」かでは、その意味するところが大きく異なる。ただ、「禊」という行為は、はたして覆屋内、つまり室内の閉鎖空間でおこなわれるものだろうか。ここに若干の躊躇を覚える。

一方、死者に捧げる特別な水の採取場説と殯所説は、「カミ」ではなく、「死者」のための施設という点で共通性がある。

導水施設の性格

では、導水施設とは、具体的になんであったのか。

わたしは古墳への埋葬前に死者の霊を鎮め、また遺体に対してさまざまな措置をおこなう殯《もがり》にかかわる場、すなわち殯所にともなう施設と考える。以下、その理由を述べよう。

殯については、「記紀」や『万葉集』『隋書』倭国伝などにも明記された習俗であるにもかかわらず、形象埴輪の解釈をめぐる議論を除き、考古学的にはあまり追究されてこなかった。しかし、近年では本シリーズでも森田克行《もりたかつゆき》氏が大阪府今城塚《いましろづか》古墳の埴輪祭祀区を殯宮儀礼の写しとみるなど新たな資料に基づく議論が進みつつある。

問題は、殯所遺構の同定、すなわち実際の遺跡と殯所との照応性である。それを解くには、殯というものの存在形態を確認する必要がある。それを解く手掛かりを、まずは文献から探ってみよう。

まず、『日本書紀』神代下第九段正文では、アメノワカヒコの葬礼に関して、「便《すなは》ち喪屋《もや》を造《つく》りて殯《もがり》す」とあることから、殯には遺体を入れる喪屋がともなうことを示すとともに、その場所を「美濃国藍見川之上喪山」とする。このことは、和田萃《わだあつむ》氏が『日本書紀』記載の殯宮《ひんきゅう》記事から、古い時期の殯所は川原に多いと指摘されたこととも重なる。つまり、殯宮として定式化する以前の殯所は、喪屋が原初的な施設であり、水辺とも関係の深い施設であった。

次に、『日本書紀』用明天皇即位前紀元年では、穴穂部《あなほべ》皇子が炊屋《かしきや》姫《ひめ》皇后（後の推古天皇）を犯そうと敏達天皇の殯宮に入ろうとした時、寵臣三輪君逆《みわのきみさかう》が「宮門《みかど》を重璅《さしかた》め、拒《ふせ》きて入《い》れず」とあり、殯宮が遮蔽施設で囲まれていたことが示唆される。和田萃氏や森田克行氏は、この記事から外部と遮断された殯宮の構造上の特徴を指摘している。

殯所がもつ本質的な意味に関しては、養老令の注釈書で平安時代中期に成立した『令集解《りょうのしゅうげ》』の喪葬令親王一品条遊部事に記された、古代の喪葬を担った比自支和気《ひじきわけ》と、その後継である遊部《あそびべ》に関する記載が重要である。ここで遊部は「幽顕《ゆうけん》の境を隔てて、凶癘魂《きょうれいこん》を鎮める氏」

図36 ● 比自支和気の故地、伊賀国伊賀郡比自岐郷（三重県伊賀市比自岐）
左の高木のある森が比自支和気らを祀る式内社の比自岐神社、右の丘陵内に所在する前方後円墳が石山古墳。

とされ、大宝令注釈書の「古記」を引用し、天皇崩御の際、比自支和気とその氏人は武器による護身・威嚇のうえで殯所内に入って酒食を奉り、特殊な言語（「禰義《ねぎ》らが申す辞」、呪文）を介して天皇の魂を和ませたことが語られる。さらに、死んだ天皇に七日七夜、御食《みけ》を奉らなかったところ、天皇（の魂）が荒《すさ》びてしまったと記されている。つまり、殯所とは、凶癘魂の依り憑《つ》きを排し、酒食供献などの各種所作を通して死者の魂を鎮め和ませるための場であった。まさに、殯所の本質的意義を語る部分といえよう。

そして、同じく『令集解』喪葬令京官三位条殯斂之事には、殯所での具体的な行為として、屍体を衣衾で包んで棺に納め、棺も衣で包むとともに、「浴於中霤」として屍体を水で洗うことが示される。白川静《しらかわしずか》氏によれば、「霤《りゅう》」の本義は「しずく」であり、屋水の流れおちる檐《のき》、あまだれ受けの承霤の意になるという。これに従えば、殯所では中霤（室内の中央）で屍体を洗い、斂衣《れんい》すなわち葬儀用の衣装を着せて入棺し、その棺を衣で包む行為までがともなっていたことになる。

殯所の構成要件

以上のことから、殯宮として定式化される以前の殯所は、遺体を安置する喪屋を中心とすること、「凶癘魂」を寄せ付

図37 ● 兵庫県行者塚古墳の造出

行者塚古墳西造出では、家形埴輪とともに供膳具形態の土師器と食物形土製品が出土した。家形埴輪に向かって食物形土製品が並べられた景観は、食物供献を永続的におこない、被葬者の魂を和ませることを象徴しているとみられる。

けないために遮蔽施設により厳重に護られていたこと、そして、遺体を「浴」する行為がともなうことが判明する。そして、現在知られている考古資料で、この状況に最も適合するのが導水施設遺構と、それを原形とした囲形埴輪である（図38）。

導水施設の木槽樋は、まさに室の中央にあって、流水を通して屍体を浴するに適合する。また、『令集解』喪葬令京官三位条では「浴於中霤」を古代中国の「孝経《こうきょう》」を引いて説明するが、『礼記《らいき》』檀弓上篇では、「掘中霤而浴」と記され、また『礼記』喪大記篇では遺体を浴する水は「井水」を用いたとする。こちらは、囲形埴輪の湧水施設型を考えるうえでの参考となる。

3 喪葬次第を写す舞台

悪霊への恐れ

囲形埴輪における導水施設型と湧水施設型は、ともに殯所における遺体洗浄にかかわる施設と考えたが、屍体を浴する行為は、「殯斂《もがり》」での出来事（『日本書紀』神代上第五段一書の九）とされるイザナキの黄泉《よみ》国訪問譚で、死した妻イザナミの遺体が腐敗して

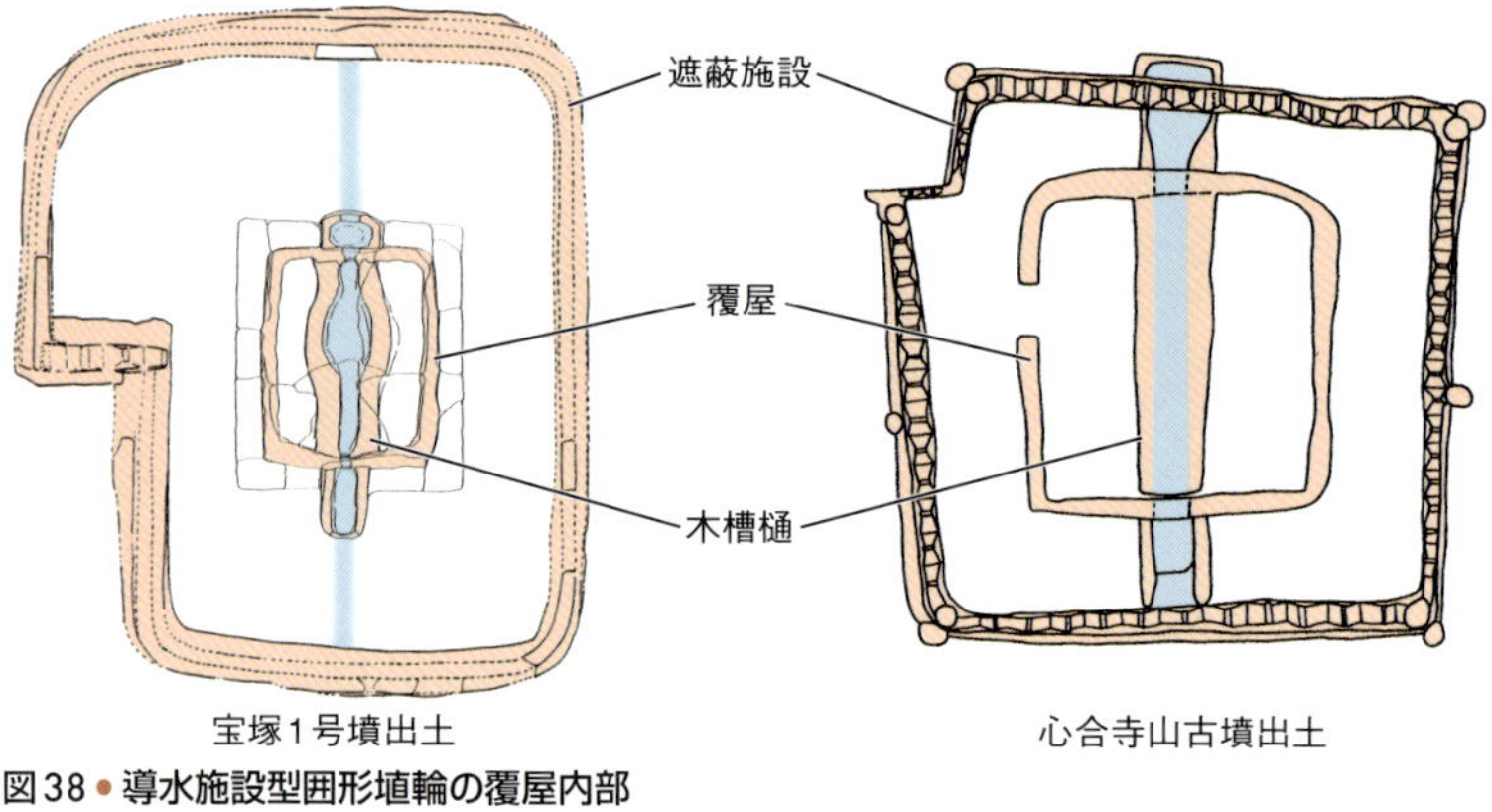

宝塚1号墳出土　　心合寺山古墳出土

図38●導水施設型囲形埴輪の覆屋内部
覆屋内に設置された木槽樋形土製品は、まさに「室の中央を流れる水」にふさわしい。

「脹満《は》れ太高《たた》へ」た状態となり、そこに「八色《やくさ》の雷公《いかづち》」がとりつく（『古事記』の同場面は「うじたかれころろきて」）状況に通じる。

田中良之氏は、古墳内の人骨にともなった人糞と蝿卵の分析から、この黄泉国訪問譚をうかがわせる状況が殯にあったと指摘し、また岡林孝作氏は、古墳時代の石棺底に彫られた排水溝が遺体からの腐敗液の処理にかかわることを指摘した。そして、これら行為の背景には、屍体腐敗による悪霊（＝凶癘魂）の依り憑きに対抗する意識があったとみられる。換言すれば、これらに対しての恐れが、遺体洗浄から棺槨衣衾《かんかくいきん》、施朱、排水溝をともなう石槨《せっかく》・粘土槨《ねんどかく》の構築、方形壇による上部の覆い、武具系器財埴輪による囲繞《いにょう》など、喪葬から埋葬へ至る一連の流れをおし進めた原動力とみてよかろう。

実際の遺構とくらべる

囲形埴輪と船形埴輪の検討を通して、宝塚一号墳の出島状施設が、全体として当時の喪葬空間を象徴的に表示する役割を担った場であったことを示してきた。囲形埴輪とその出土位置に関する情報と、実際の遺構とを照らし合わせてみよう。

奈良県南郷大東遺跡は導水施設の典型ともされる遺跡だが、

図39 ● 極楽寺ヒビキ遺跡
台地の縁辺部に立地する。大型建物が建つ独立台状の方形区画は
周囲に貼石が施され、まさに出島状施設の景観を呈する。

この上方約三五〇メートルの尾根上にあるのが極楽寺《ごくらくじ》ヒビキ遺跡である（図39）。極楽寺ヒビキ遺跡では、貼石をともなう堀と塀で画された方形区画内に大型の掘立柱建物がともない、外界とは土橋を介して結ばれている。この平面の形は、土橋を介して主墳丘と連結する宝塚一号墳などの出島状施設との類似性がうかがわれ、その原形となった施設と目されている。そして、極楽寺ヒビキ遺跡と南郷大東遺跡は同じ支谷の尾根上と谷筋に相当し（図40）、この関係性は主に家形埴輪が置かれた前方後円墳の出島状施設や造出と、導水施設を造形した囲形埴輪が置かれた谷部との関係におきかえることができる（図41）。

先に、囲形埴輪による象徴空間は喪葬空間としての殯所を表現したものと述べた。この考え方に従えば、南郷大東遺跡は遺体洗浄を担う施設、極楽寺ヒビキ遺跡は埋葬まで遺体を維持し、

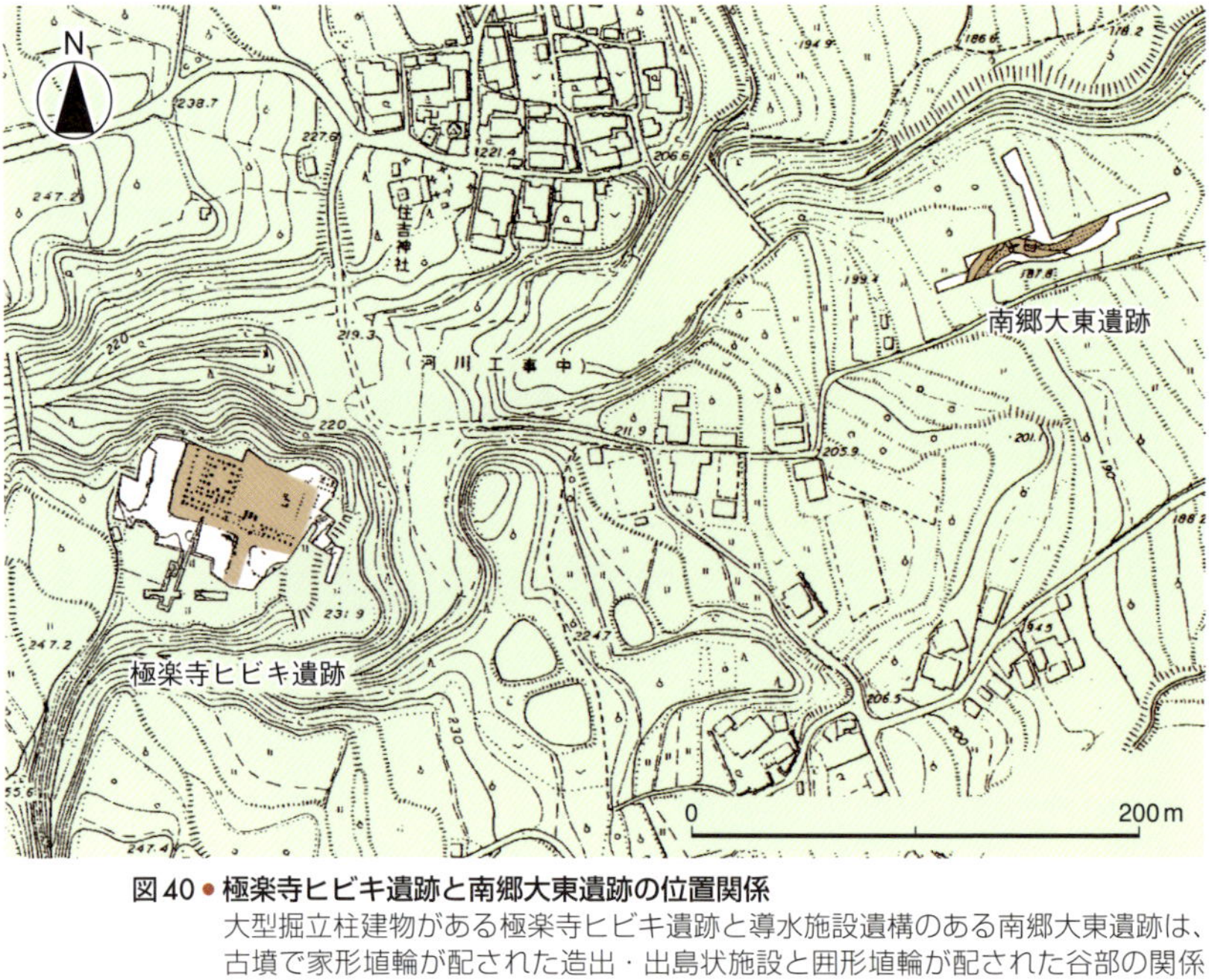

図40 ● 極楽寺ヒビキ遺跡と南郷大東遺跡の位置関係
大型掘立柱建物がある極楽寺ヒビキ遺跡と導水施設遺構のある南郷大東遺跡は、古墳で家形埴輪が配された造出・出島状施設と囲形埴輪が配された谷部の関係性と共通する。

魂が荒ぶることを防いで和みを維持する霊屋的な施設とわたしは考えている。

喪葬空間を写す

殯所の本質的機能は、死して間もない被葬者の霊魂が悪霊・邪霊（＝凶癘魂）に依り憑かれるのを排除し、死者霊の悪霊化を阻止して封じ込め、安寧なまま鎮送することにある。そのため、酒食供献等による死者霊の鎮魂（和魂《にぎたま》化）が図られ、その前提として、遺体自体を清浄に保つことが求められた。「記紀」神話の黄泉の国で腐敗したイザナミの姿を具体的に記述しているのも、そうならないことを望む古代人の認識が背景にあるとみるべきである。

宝塚一号墳の出島状施設は、その両裾におかれた囲形埴輪や家形埴輪、最奥に置かれた船形埴輪、その他原位置不明ながら施設上面に樹立されていた形象埴輪群などにより、被葬者の霊魂が凶癘魂にとりつかれることなく永遠に葬所たる古墳に鎮まることを象徴的に示した舞台として、喪葬空間を写した存在ととらえられる。

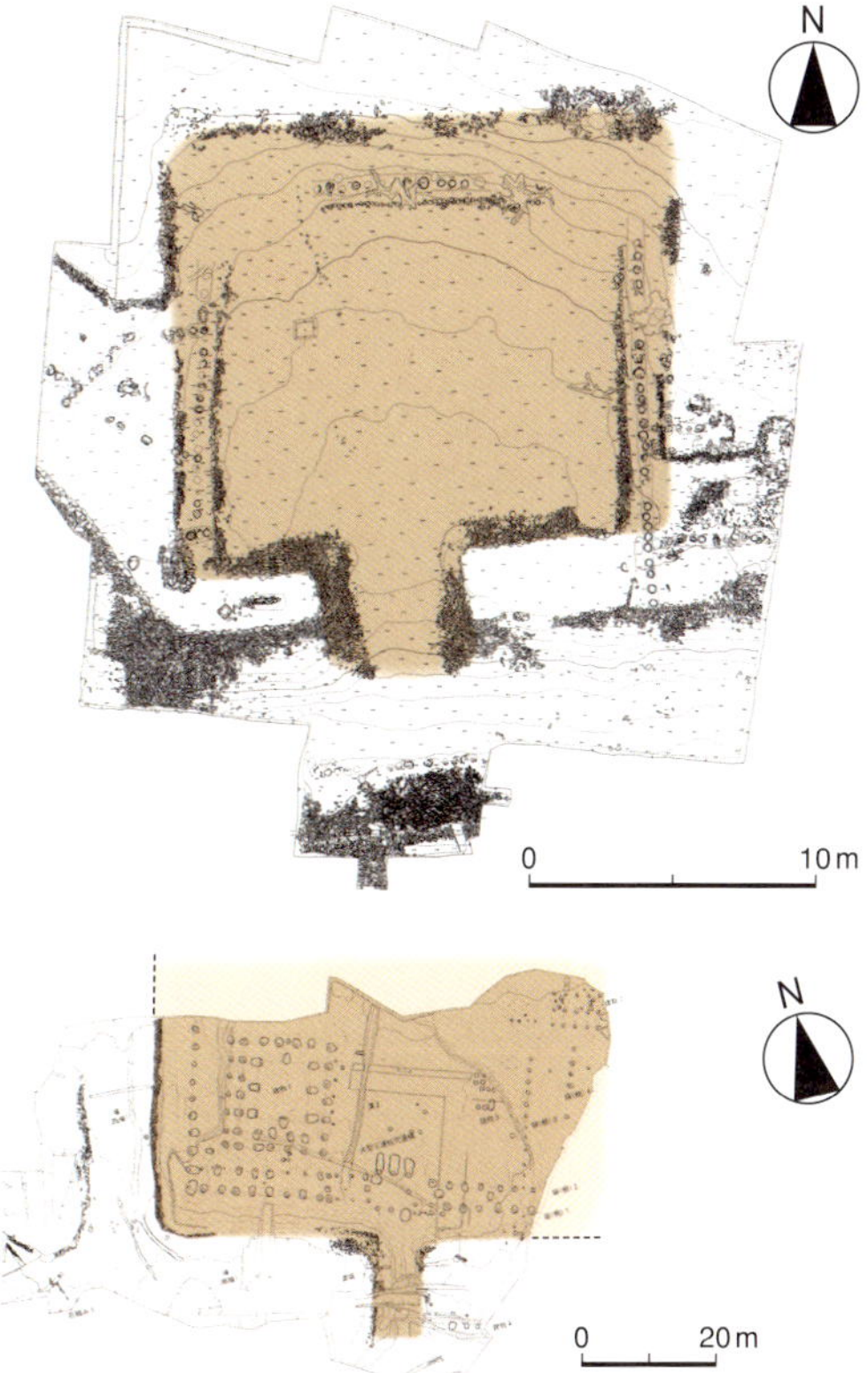

図41●出島状施設（上）と極楽寺ヒビキ遺跡の類似性（下）
土橋でつながれた方形台状部に大型掘立柱建物が建てられた極楽寺ヒビキ遺跡は、出島状施設として古墳に写された原形ともとらえられる。

第4章　伊勢の王

本章では、宝塚一号墳が築造された背景を、周辺の古墳群や埴輪波及の様相、倭王権との関係などからをみていこう。

1　宝塚一号墳出現前夜

伊勢における古墳の出現と松阪地域

宝塚一号墳は、三重県内では旧伊賀国に所在する三基の前方後円墳に次いで四番目、旧伊勢国に限れば最大の前方後円墳である。しかし、宝塚一号墳は突如として出現したわけではない。最初に宝塚一号墳が出現するまでの伊勢における古墳出現の様相を、大型古墳を生成した地域を軸に確認しておこう（**図3参照**）。

北伊勢　現在の四日市市北部を中心とした朝明《あさけ》郡域に前方後円（方）墳の志氏神社《しでじんじゃ》古墳が築

造されたが、北伊勢の有力首長墳は、鈴鹿川流域の鈴鹿郡域（中・上流域）と河曲《かわわ》郡域（下流域）にある。この嚆矢《こうし》が現在、宮内庁が日本武尊《やまとたけるのみこと》能褒野《のぼの》墓として管理する亀山市能褒野古墳（鈴鹿郡域）である（図42）。能褒野古墳は、全長九〇メートルで北伊勢最大、伊勢全体でも宝塚一号墳に次ぐ規模の前方後円墳で、前期後半の鰭付朝顔形埴輪をともなう（図46①）。また、全長八五メートルの鈴鹿市寺田山一号墳（河曲郡域）も、柄鏡形を呈する墳形などから、前期にさかのぼる前方後円墳と推定されている。以降、当地は五区型以上の定型的な前方後円墳が後期に至るまで連綿と築造され続けた伊勢唯一の地域となる。

中伊勢　現在の津市を流れる安濃《あのう》川・岩田川・相川流域の旧安濃郡域と松阪市北部から津市南部を流れる雲出《くもず》川域地域の旧一志郡域がある。

安濃郡域　伊勢湾を見下ろす丘陵上に、全長九〇メートルの中伊勢最大の前方後円墳、津市池《いけ》ノ谷《たに》古墳が築造された。宝塚一号墳と同時期か若干さかのぼるころの築造とみられる。また、安濃川右岸の台地上に築造された津市明合《あけあい》古墳は、二方向に造出を持つ全長

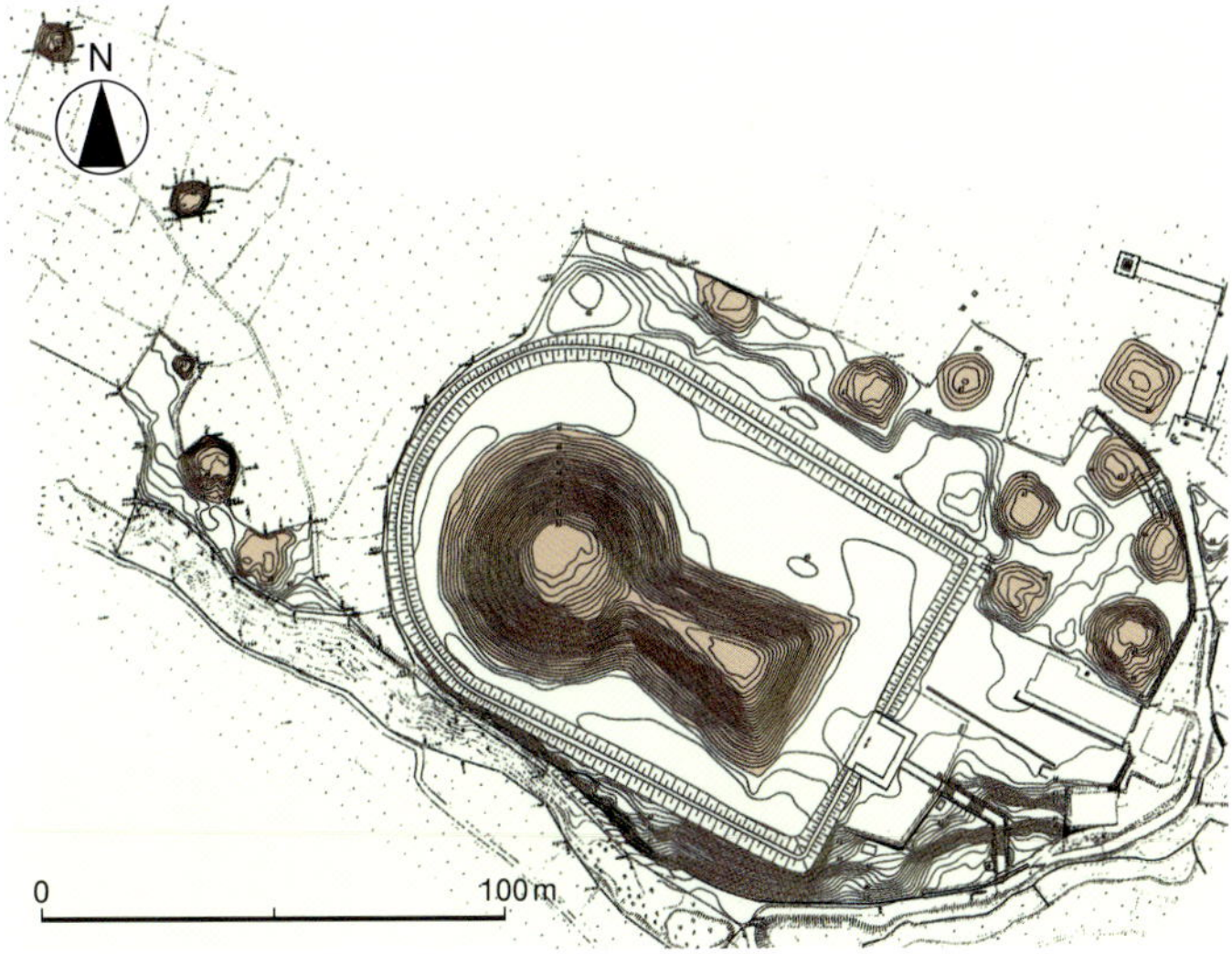

図42 ● 能褒野古墳
周囲に陪墳を従えた堂々たる前方後円墳であるが、宮内庁の調査により、陪墳の一部は明らかに後期古墳であることが判明している。

八一・五メートルの大型方墳で、段築と葺石を有し、盾形埴輪や円筒埴輪のほか、初期須恵器も採集されている。

一志郡域　雲出川支流の中村川の流域に、筒野《つつの》一号墳（全長四〇メートル）・西山一号墳（全長四四メートル）・向山《むかいやま》古墳（全長七一メートル）・錆山《さびやま》古墳（全長四七メートル）という四基の前方後方墳が相次いで築造された（図43）。論者により築造順の想定は異なるが、いずれも前期に属し、筒野一号墳や向山古墳では腕輪形石製品や三角

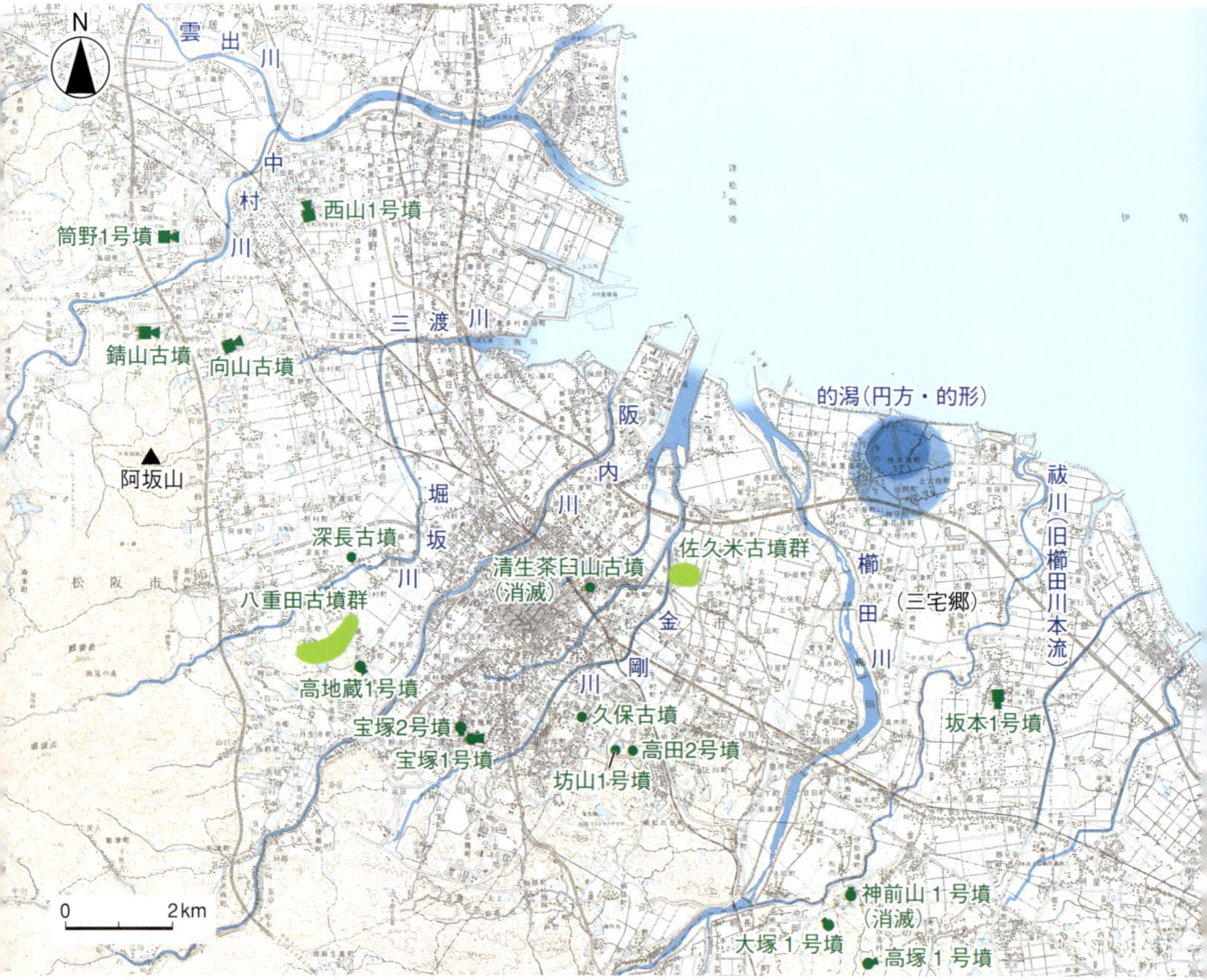

図43 ● 南伊勢の主要古墳分布図
向山古墳などの前方後方墳群は一志郡、宝塚古墳群は飯高郡。
佐久米古墳群以東は、多気郡となる。

縁神獣鏡などの銅鏡が出土した。また鑄山古墳の主体部は木炭槨で、かつて銅鏡二面、剣三本、鑓一本が出土したとされる。

南伊勢　宝塚一号墳を生みだした直接の基盤となる阪内《さかない》川・金剛川流域の旧飯高《いいだか》郡域で（**図43**）、前期後半に複数の大型円墳が築造された。このうち直径三五メートルの坊山一号墳と直径二七メートルの高田二号墳では、初期の円筒埴輪が使用されている。また、高田二号墳では内向花文鏡一と石釧《いしくしろ》二が、全長五二・五メートルの久保古墳では三角縁同向式神獣鏡が、地籍図から全長五五メートルほどの円墳とみられる清生茶臼山《せいせいちゃうすやま》古墳では内向花文鏡が出土した。円墳ながら円筒埴輪や三角縁神獣鏡などをもつ古墳の存在は、当地と近畿地方との関係性が宝塚一号墳以前にさかのぼることを示す。

底部穿孔二重口縁壺と埴輪の波及

前方後円墳築造以前の中・南伊勢の初期古墳は、弥生墓的様相を残す小規模な方墳と円墳が多く、これらはしばしば底部穿孔の二重口縁壺（**図44左**）をともなう。この二重口縁壺は、奈良県桜井茶臼山古墳で出土した底部穿孔の二重口縁壺（**図44右**）とは口頸部の特徴が異なり、伊勢で多く認められたことから「伊勢型二重口縁壺」ともよばれている。はじめは焼成後に底部に孔をあけ、墳丘要所に限定的に置かれていたが、直径四五メートルほどの円墳の松阪市深《ふ》長《さ》古墳（**図45**）では二重口縁壺が墳丘全体を囲み、底の孔も焼成前にあけている。以降、壺形埴輪として定式化し、墳丘に樹立され、その終末は宝塚一号墳の出島状施設への樹立までつづく。

一方、円筒埴輪・形象埴輪は、倭王権の膝元の近畿地方で成立し、各地に伝播・波及したことから、倭王権との関係で説明されることが多い。

北伊勢の鈴鹿川流域では、能褒野古墳で倭王権の王陵級の古墳などから出土するのと同じ鰭付の朝顔形埴輪が出土し（**図46①**）、倭王権との近い関係がうかがわれる。能褒野古墳では、小片ながら器財埴輪や家形埴輪も出土しており、当地域では大型前方後円墳の築造を契機に円筒・形象埴輪がセットで波及したようだ。中伊勢の安濃郡域でも、最初の前方後円墳の池ノ谷古墳から円筒埴輪の樹立が確認できる。

一方、中伊勢でも南側の一志郡域の前方後方墳群では、向山古墳で朝

図44 ● 深長古墳出土の二重口縁壺（左）**と桜井茶臼山古墳出土の二重口縁壺**（右）
立直し、外へ開いて外反する口頸部をもつ桜井茶臼山古墳例に対し、深長古墳例では、外反してもう一度外反する口頸部となる。

図45 ● 深長古墳
発掘調査後保存され、水田のなかにその姿を残している。

顔形埴輪かとみられる埴輪片があるが定型的な埴輪の使用は低調で、向山古墳の埋葬施設を囲んだのも壺形埴輪だったとみられている。ただし、筒野一号墳のある天花寺丘陵の北麓に位置する堀田《ほった》遺跡では、円筒の上に二重口縁壺をそのままのせたような器壁の薄い「土器的」な朝顔形埴輪が出土しており（図46②）、同様のものが近傍の西野八号墳（墳形・規模不明）からも出土している。円筒埴輪の影響を受けての動きといえるだろう。これに対して、南伊勢の飯高郡域では、円筒・朝顔形埴輪は坊山一号墳、高田二号墳で用いられた（図46③）。ただし、その使用量は少なく、次代の宝塚一号墳における円筒・形象埴輪の大量樹立とは隔絶している。

倭王権との関係

古墳時代前期段階には、古墳の副葬品である銅鏡や腕輪形石製品の入手や、一部古墳への初期円筒埴輪の波及など倭王権側から伊勢にもたらされたものがある一方、S字甕に代表される伊勢系土器や水銀朱など伊勢から大和へ運ばれた物資もあった。このうち土器生産は一志郡域、水銀朱生産は飯高郡域にその中

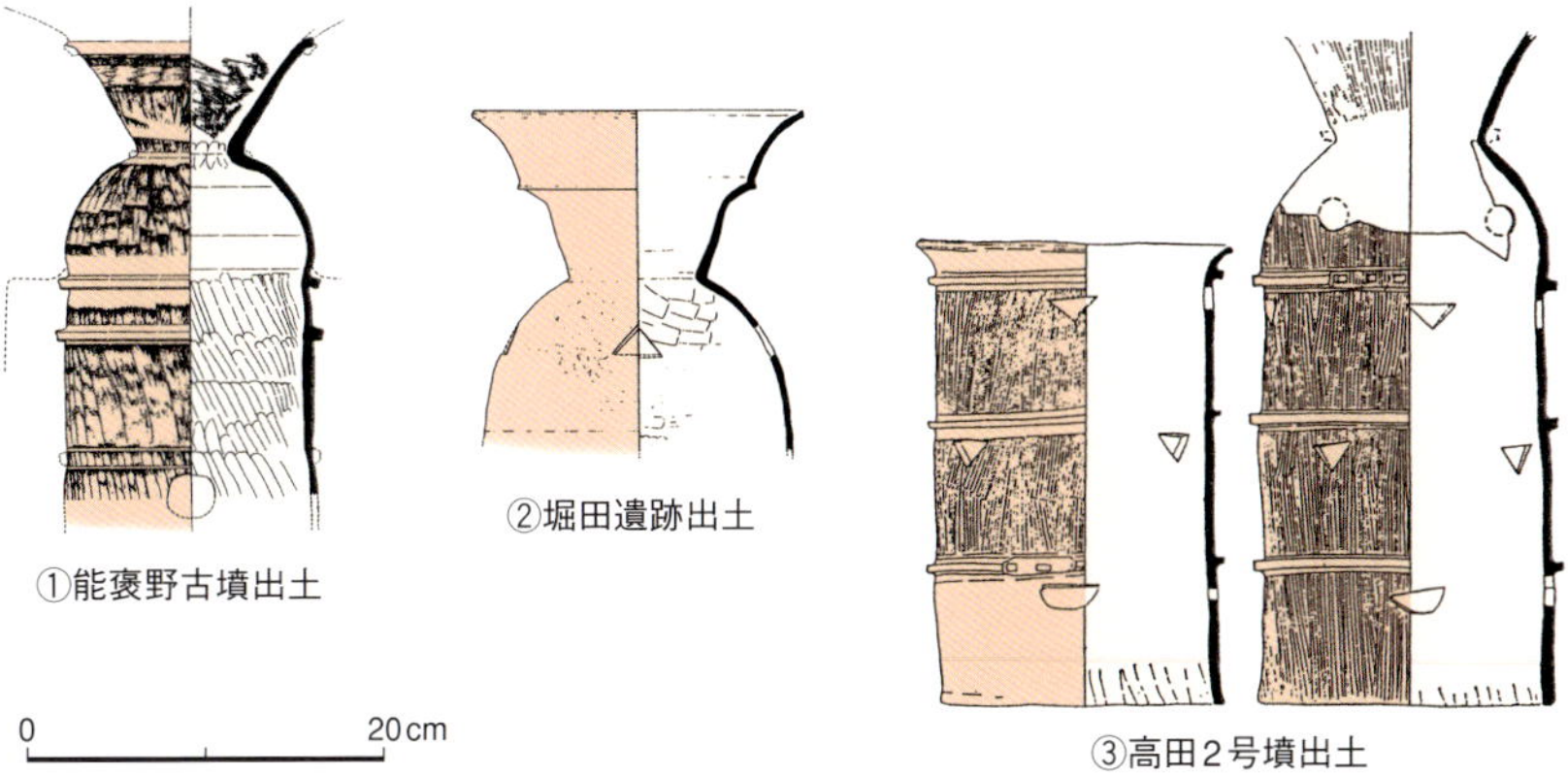

図46 ● 伊勢における初現期の朝顔形埴輪・円筒埴輪
鰭付のものは、伊勢では能褒野古墳にだけ存在するが、伊賀も含めると、石山古墳に存在する。

心があり、こうした物資の需給関係が彼我の交流の背景にあったとみられる。宝塚一号墳の築造以前から、伊勢と倭王権の関係性は、こうした物資の入手と人の移動・交流を通じ、形成されたのであろう。

2　宝塚古墳群を支えた集団

宝塚古墳群とは阪内川を挟んだ対岸（左岸）に、前期後半から後期にかけて築造された複数の古墳群や単独墳が所在する。なかでも注目されるのは、全二五基で構成された八重田《やえだ》古墳群である（**図43・47**）。このうち直径二四メートルの円墳である一号墳は、二神二獣鏡や銅鏃の出土から宝塚一号墳に先行する四世紀後半の築造で、その後も群形成がつづく。

注目されるものをあげると、全長約二四メートルの円墳である八号墳は、捩文《ねじもん》鏡や重圏文鏡、S字甕が出土しており、五世紀前半の築造である。また、一辺一六メートルの方墳である一六号墳は小札鋲留眉庇付冑《こざねびょうどめまびさしつきかぶと》や三角板鋲留短甲《さんかくいたびょうどめたんこう》、長頸鏃《ちょうけいぞく》、鉄鑓《てつやり》、

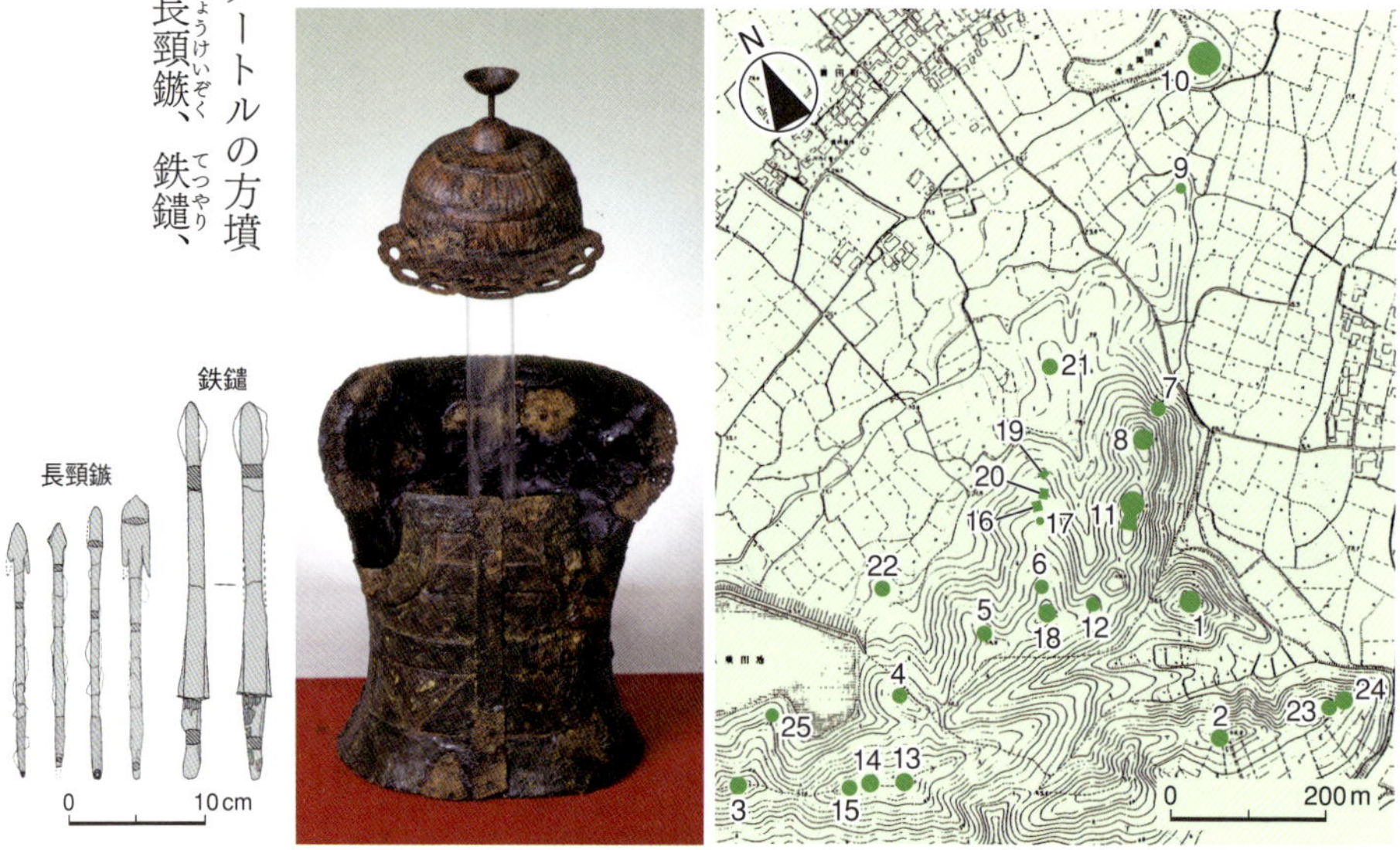

図47 ● 八重田古墳群と16号墳出土の甲冑と長頸鏃・鉄鑓
八重田古墳群は、宝塚古墳群とは阪内川をはさんだ対岸に所在する。

鉄刀など武器副葬が顕著で（図47）、五世紀後葉の築造である。未調査ではあるが、一一号墳は五〇メートルの前方後円墳もしくは隣接する円墳二基とみられ、内容の確認が待たれる。

このように八重田古墳群は宝塚一号墳よりも早くから形成されるが、宝塚古墳群と並行する時期にも築造がつづいており、宝塚古墳群の被葬者を支えた古墳群といえるだろう。また、古墳群中には、軍事色豊かな副葬品が出土した一六号墳と同様の墳丘をもつ未調査の方墳が他にもあり、八重田古墳群には宝塚一号墳被葬者の軍事活動を支えた集団が含まれていたのであろう。

3　伊勢の王とその後継

宝塚一号墳の二面性

五世紀前半の伊勢において、宝塚一号墳に比肩しうる前方後円墳は他にない。出島状施設という選択も、王権所在地の大和・河内地域などの最新の考え方を反映しているとみてよい。その一方で、宝塚一号墳の「個性」ともいうべき、独自の仕様も認められる。ここでは、宝塚一号墳にみる外部由来の要素と、在地的要素を整理しておこう。

外部由来の要素　大量に用いられた形象埴輪は、鰭飾りや斗束を表現した家形埴輪をはじめ、囲形埴輪や船形埴輪、それに器財埴輪も含め、倭王権の所在地である大和や河内で用いられていたものとなんら遜色《そんしょく》はない。

埴輪製作においては、それまで形象埴輪製作の伝統がなかった当地での大量需要を満たすため、王権所在地の埴輪製作に精通した少数の工人が、在地工人を指導したとみられる。円筒埴輪にも、河内地域に一般的な製作技術を用いた規格性の高い少量の円筒埴輪と、技術は劣るが在地工人の手になるとみられるものがある。指導工人が王権から派遣された工人なのか、王陵造営のために上番し、最新の技術を取得して帰郷した工人かは定かでないが、ことは個々の埴輪製作にとどまらない。出島状施設など要所に配された埴輪群は、喪葬意図が込められた「物語性」豊かな埴輪群であり、それらを統括する全体的な樹立プロデューサーを必要とする。船形埴輪のモチーフも、線刻絵画という表現を介して、すでに東殿塚古墳に前例がある。つまり、これら埴輪製作から樹立までの工程は、製作の伝統がない当地に、非在地的要素として持ち込まれたものであろう。

在地由来の要素　一方、宝塚一号墳では、埴輪を樹立する意図を象徴的に「魅せる」場である出島状施設の西面と囲形埴輪にかかわる重要な部位に、前代以来の伝統をひく在地的な二重口縁壺形埴輪が列状樹立されている。大和や河内の地域で一般的な鍔付壺形埴輪もあるが、宝塚一号墳ではこのタイプは少数である。中期古墳で壺形埴輪自体を場の区画として列状に配することと自体、大和や河内にはすでになく、宝塚一号墳独自の在地的要素とみてよい。

被葬者像を復元する

埴輪樹立における在地要素と非在地要素の併存は、宝塚一号墳被葬者の来歴や個性そのものを考えるうえでの大きな指針となる。

宝塚一号墳では、外部由来の大量の円筒・形象埴輪を用いているにもかかわらず、出島状施設や囲形埴輪を囲む埴輪列には、前代からの製作伝統を引いた在地的な壺形埴輪が用いられていた。このことは、被葬者が在地に軸足をおいた人物であったことを物語る。しかし、一方で、船形埴輪の船首に掲げられた倭装大刀は、まさに支配権を象徴し、宝塚一号墳の被葬者が王権から当地の支配権を委譲されたものであったことをうかがわせる。

つまり、宝塚一号墳の被葬者は、倭王権から伊勢の支配を委譲され、その後援を得た在地由来の有力首長の可能性がある。

後継は宝塚二号墳

宝塚一号墳につづく首長墳は、帆立貝式古墳である宝塚二号墳である（**図48**）。これまで二号墳は、前方後円墳である一号墳にくらべ、墳丘も小さく、前方部

図48●宝塚2号墳
後円部の規模は、前方後円墳である1号墳よりもひとまわり大きい。

が短小な特徴から格式も劣る一ランク下の古墳とされ、一号墳を継ぐものの、その評価は否定的な側面が大きかった。しかし、二号墳の発掘調査の結果、必ずしもそれだけとはいえない状況が判明してきた。

二号墳の墳形と規模

発掘調査が始まるまで、二号墳は全長七〇メートル前後の帆立貝形古墳と考えられてきたが、調査によって、従来考えられていた墳裾の外側に、さらにもう一段の墳丘が存在することが確認された。この結果、二号墳は全長約九〇メートル、三段築成で径八三メートル、高さ一〇・五メートルの後円部に、二段築成で長さ一七メートル、幅三九メートルから四〇メートル、高さ二・九メートルの前方部をもつ帆立貝形古墳であることが判明した。ちなみに、一号墳でも用いた築造企画の視点でみれば、二号墳は一尋一六〇センチの大尋を基準尺とした六・五尋を一区（約一〇・四メートル）とするとほぼ後円部径の完数値が得られ、設計上の前方部はその〇・七五区に相当する（**図49**）。前方部の一段目と二段目は、そのまま後円部の一段目及び二段目に連続し、墳丘全面を葺石がおおう。つまり、二号墳は、従来の想定規模よりも、二〇メートルほども大きかったのである。

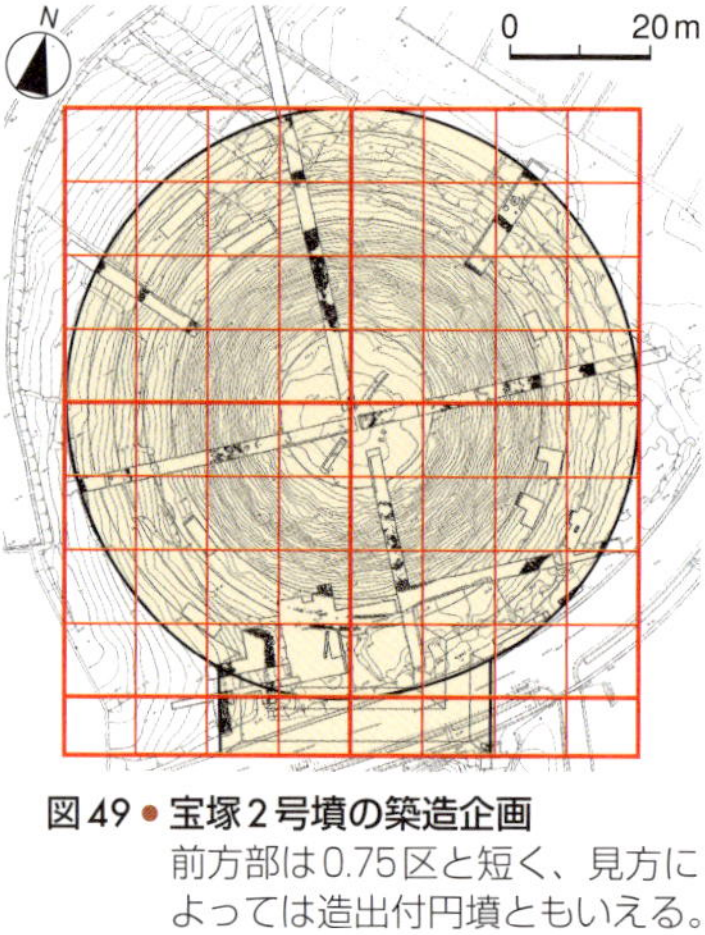

図49 ● 宝塚2号墳の築造企画
前方部は0.75区と短く、見方によっては造出付円墳ともいえる。

一号墳と共通する設計地割

宝塚一号墳と二号墳の関係で興味深い事実がある。先に一号墳の築造企画が基底基壇を含めると前方部四区型として設定されたことを指摘したが（図29参照）、この企画線をさらに北方に延長すると、みごとに二号墳主丘部に重なる。つまり、二号墳の立地は、一号墳の主軸を基準として、一号墳の地割に規定されていたのである（図50）。

そのうえで、二号墳後円部は、一号墳後円部よりちょうど一区分拡大された九区の規模で築造されていたのである。ただし、二号墳そのものは、一号墳とは異なる独自の設計と基準尺に基づいている。二号墳の実力の一端が、一号墳との対比のうえでみごとに数値化されて表れているといえよう。

二代目首長の実力

二号墳の築造時期は、出土した円筒埴輪や立飾りに長方形の透かしをもつ蓋形埴輪の特徴などから、一号墳より新しい五世紀前半の築造とみられる。

注目すべきはその後円部径で、二号墳の後円部径八三メートルは

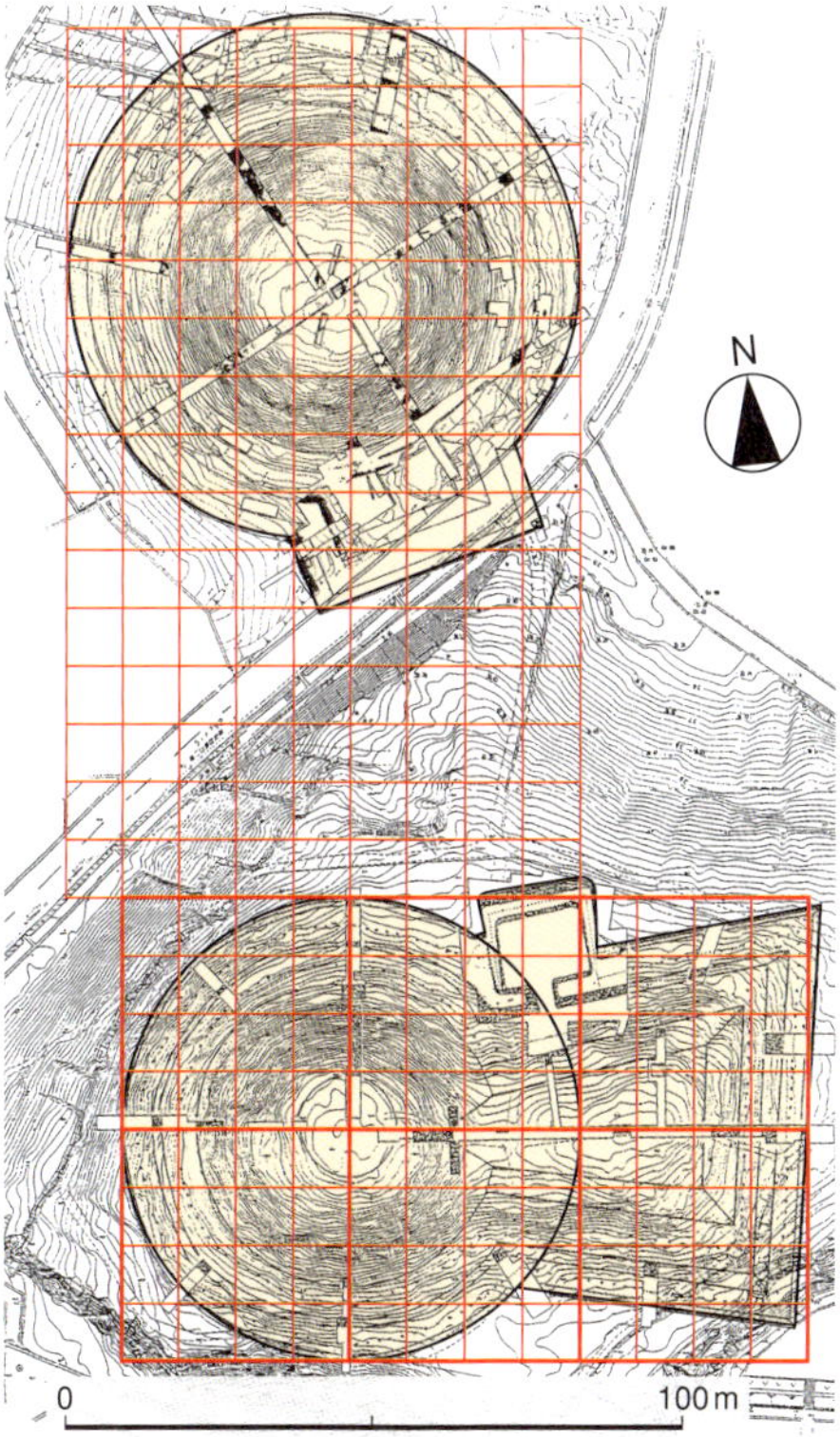

図50●宝塚1号墳を基準にして築造された2号墳
2号墳の後円部は1号墳の後円部よりもちょうど1区分大きく設定されている。

前方後円墳である一号墳の後円部径七五メートルをしのぎ、高さも〇・五メートル高い。しかも、地山を巧みに墳形にとり込んだ一号墳と異なり、地形の状況から二号墳後円部の多くは盛土による築成とみられ、墳形こそ前方部が短平な帆立貝形状をとるものの、築造に要した労力は一号墳に匹敵する。樹立された形象埴輪は、家・蓋・盾と一号墳にくらべると種類も量も少ないが、中期前半段階で二号墳はその規模で伊勢の他地域の首長墳をしのぐ。一号墳ほど突出した存在感はないものの、まさに創業首長を継ぐ二代目実力派首長といえよう。

同じような関係は、伊勢の他の地域でも認められる。たとえば、前期から後期まで前方後円墳の築造がつづいた鈴鹿川流域地では、北伊勢地域最大の前方後円墳である全長九〇メートルの能褒野古墳につづく首長墳は、墳長七八メートル、基壇も含めると全長八九・五メートルの帆立貝形古墳である鈴鹿市白鳥塚《しらとりづか》一号墳である。全長では能褒野古墳が勝るが、後円部の大きさは能褒野古墳が径五四メートル、高さ九・五メートルであるのに対し、白鳥塚一号墳は基壇部を含めると径七七メートル、高さ一一メートルを測り、能褒野古墳を大きくしのぐ。このように、墳形としての格は落ちても後継首長が初代と匹敵する、もしくは上回る規模の墳丘を築造した古墳群は、地域のなかで、より安定した首長系譜を形成していた古墳群といえるだろう。

宝塚二号墳以降の首長墓

二号墳以降、当地の造墓自体は活発につづくものの、墳丘規模は一気に縮小に向かう。そのなかで最大の規模をもつのが阪内川左岸に築造された全長五八メートルの帆立貝形古墳、高地《たかじ》蔵《ぞう》一号墳である。ただ、古墳の詳細は不明だが、前述のように昭和初年の鈴木敏雄氏による分布調査報告では、宝塚古墳群に一号墳とは別の前方後円墳が記されている（図25・51）。さらに、それとは別に、宝塚古墳群内で家形埴輪をもつ古墳も知られており（上出《かみで》遺跡として登録）、五世紀後半頃まで宝塚古墳群の形成は継続している。したがって、そのなかに、首長権を継承していた古墳が存在した可能性は否定できない。

さて、宝塚二号墳の築造と相前後する時期に、旧多気郡域となる玉城丘陵に築造されたのが帆立貝形古墳の明和町高塚一号墳（全長七五メートル）で、近傍には大塚一号墳（全長五二・五メートル）、神前山《かんざきやま》一号墳（全長四〇メートル）という相前後する時期の大型帆立貝形古墳がある。このうち神前山一号墳では、画文帯神獣鏡二面や初期須恵器の出土があり、画文帯神獣鏡は神島八代神社所蔵鏡と同型関係にある。これら玉城丘陵における大型帆立貝形古墳の集中は巨視的にみれば、宝塚古墳群のある飯高郡域の首長が保持していた首長権が、南側の多気郡域へ移動していったことを示している。ただし、前代にくらべその規模は大きく縮小し、宝塚一号墳のような他地域を

図51●鈴木敏雄氏が前方後円墳の存在を認めた丘陵
現在は、高圧電線の鉄塔が立つ。1号墳後円部頂からの遠望。

圧倒する突出した存在感のある古墳は、もはやみられなくなる。

4 倭王権の東方拡大

宝塚一号墳の築造以降、南伊勢地域では定型的な前方後円墳の築造を停止し、宝塚二号墳も含め、有力古墳は帆立貝形の墳形を採用するようになった。二号墳以降はその規模も縮小に向かう。このことは、当地で成長しつつあった在地の首長権の成長が阻まれたことを示すと同時に、この背景には倭王権による東国支配の進展が関連するのではないだろうか。

ここでキーワードとなるのが、環伊勢湾をめぐる前方後円墳の存在と古代港の関係、とりわけ倭王権の東の外港とみられる「的潟《まとかた》」の存在である（図3・43参照）。

伊勢湾岸の前方後円墳

宝塚一号墳が臨む海は伊勢湾である。現在の海岸線は、宝塚一号墳から遠望できる程度だが、当時はもう少し内側に入り込んでいたとみられ、海上からも宝塚一号墳の威容を容易に視認できたであろう。先に宝塚一号墳の船形埴輪は喪葬との関係で理解すべきとの考えを示したが、宝塚一号墳の築造自体は、当地が伊勢湾をめぐる海上交通の拠点だったことと大いに関係するとみられる。

伊勢湾岸西岸には、海を見下ろす場所に築造された前方後円墳が点在し、その眼下には古墳時代の港津適地だったとみられる胃袋状もしくは帯状の潟地形が広がる。その代表的なものを北から示せば、鈴鹿市岸岡山二一号墳・二二号墳と仮称「河曲津」、津市池ノ谷古墳と「藤潟」（後の安濃津の前身）があり、前方後円墳ではないが津市経塚古墳（武器副葬が顕著な帆立貝形古墳）・赤郷塚《あかごづか》古墳（三角縁神獣鏡が出土した円墳）と仮称「奄芸《あんき》津」の関係もこれに含めてよかろう。かつて森浩一氏は、日本海側の潟地形に臨む地に築造された前方後円墳と古代港としての「潟港」の関係を活写し、農業生産力の基盤だけではない前方後円墳の築造背景に触れたが、この関係は伊勢湾岸においても適用しうる。

そして、宝塚一号墳の場合、その築造は近傍に所在した古代港、「的潟」との関係性が注目されるのである。

倭王権の東の外港「的潟」

的潟（円方・的形）は、大宝二（七〇二）年の持統太上天皇の三河行幸の出船地となった港で、『万葉集』と『伊勢国風土記』逸文に関係記事がある。『伊勢国風土記』逸文によると、「的形《まとかた》の浦《うら》とは、この浦の地形《くにがた》、的《まと》に似たり。因《よ》りて以《も》ちて名とせり。今は已《すで》に渚《なぎさ》は江湖《みづのえ》と化成《な》れり」とあることから、的潟は伊勢湾とつながる円形の潟だったが、後世には、海との接続部が埋没して淡水化していたことが知られる。そして、『万葉集』では「二年壬寅《じんいん》、太上天皇、参《み》河国《かはのくに》に幸《いでま》せる時の歌」という詞書につづいてその関係歌がおさめられるが、そのひとつが的潟を詠んだ「ますらをの　さつ矢手挟《たばさ》み　立ち向かひ　射る的形は　見るにさやけし」（一—

六一）である。持統は、ここ的潟から船に乗り、伊勢湾を横断して三河へ向かったのである。

持統の三河行幸で用いられた港とは、すなわち倭王権が海路東へ向かう際の外港であったことに他ならない。宝塚古墳群が所在する松阪の地は、まさに倭王権が東に向かう際の出船地であり、ここに宝塚一号墳の存在意義のひとつがあったと認めてよいだろう。

金銅装冑をもつ古墳

この的潟に臨む低地部に築造された古墳群が、帆立貝形古墳一基と円墳二基で構成された五世紀中葉から後葉に属する松阪市佐久米《さくめ》古墳群（**図52左**）である。いずれの古墳も消滅もしくは全壊状態だが、地籍図から復元される墳丘規模は群中最大の大塚山古墳でも全長四五メートルほどの帆立貝形古墳と小形で、佐久米古墳群が地域を統括した首長に連なる系列の古墳とは言い難い。しかし、注目できるのは、佐久米大塚山古墳から、金銅装の小札鋲留眉庇付冑と呼ばれるきわめて装飾性の強い冑が出土していることである（**図52右**）。残念ながら、この冑は国外流出して現在アメリカのメトロポ

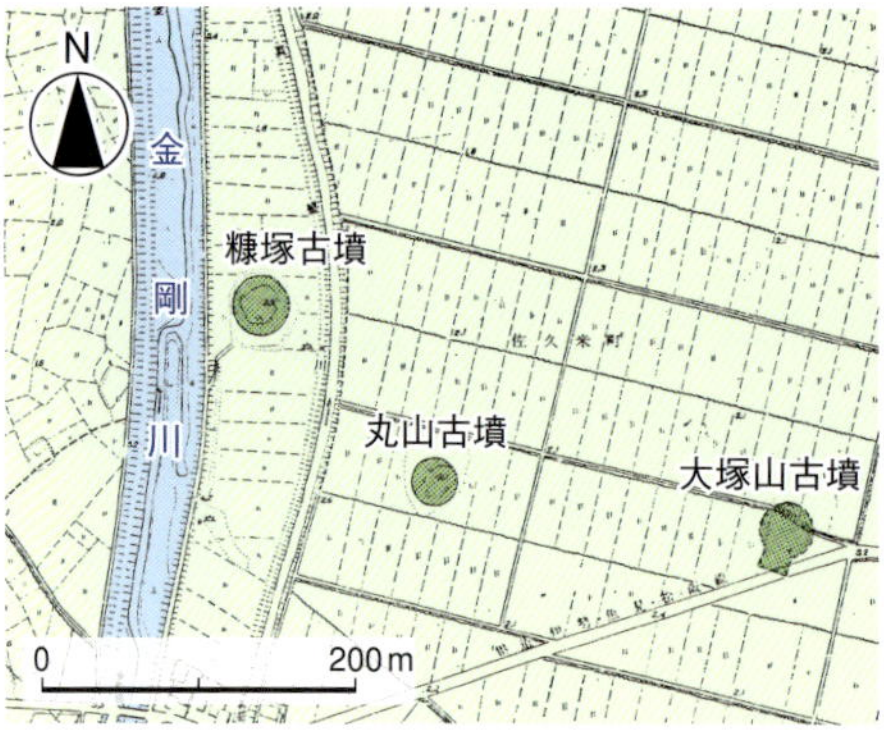

図52 ● 佐久米古墳群と大塚山古墳から出土した小札鋲留眉庇付冑
現在、メトロポリタン美術館の所蔵となる金銅装冑は、全国的にみても大山古墳前方部出土品などと並ぶ屈指の優品。

リタン美術館の所蔵となっているが、佐久米古墳群の重要性を如実に示す遺物といえる。

金銅装を施した冑の類品は、大阪府堺市の大山《だいせん》古墳（現仁徳陵）前方部や大阪府岬町の西小《にしこ》山《やま》古墳（淡輪古墳群中の円墳）、千葉県祇園大塚山《ぎおんおおつかやま》古墳など大王墓や倭王権を構成する有力古墳群、地域を代表するそうそうたる前方後円墳に副葬されている。佐久米大塚山古墳の規模からすると、分不相応ともいえる副葬品だが、このことを解く鍵は的潟にある。

すなわち、佐久米大塚山古墳の被葬者が、倭王権の東の外港たる的潟の管理にかかわる職掌を有しており、そのため王権から直接下賜されたという可能性である。佐久米大塚山古墳からは、本品の他にも短甲や長頸鏃の破片など軍事色の強い遺物や銅鏡などが出土しており、相当の実力を有した被葬者であったことは疑いない。

倭王権の海路確保と古墳

宝塚一号墳のある松阪地域の対岸、知多半島と渥美半島に挟まれた三河湾に面した小丘陵上に築造されたのが、愛知県西尾市正法寺《しょうほうじ》古墳（**図53**）である。全長約九〇メートルの西三河最大の前方後円墳で、出土遺物から宝塚一号墳と同じ五

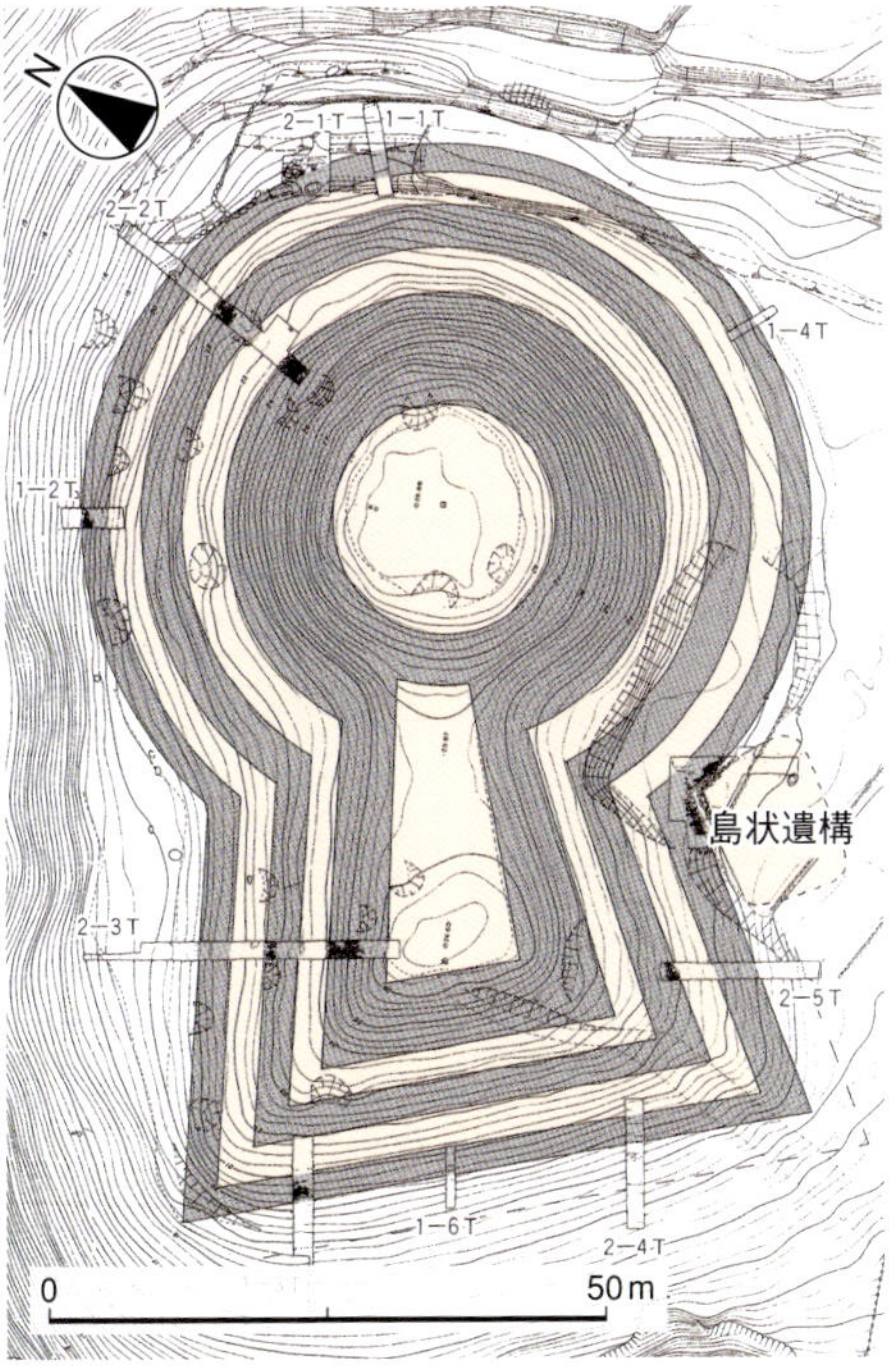

図53 ● 正法寺古墳
島状施設の存在、短めの前方部など宝塚1号墳とも類似する墳形をもつ。

世紀前半の築造が想定されている。注目されるのは、正法寺古墳が三段築成の墳丘と葺石、本格的な円筒・形象埴輪の採用などに加えて、前方部がやや短く、くびれ部に「島状遺構」をもつなど、宝塚一号墳の墳丘と共通する特徴をもつことである。

伊勢湾・三河湾を挟んで宝塚一号墳のちょうど対岸となる位置に所在しており(図3参照)、倭王権による海路確保という宝塚一号墳と同様の築造背景をもった古墳とみてよいだろう。

5 地域王権から倭王権の直接支配へ

宝塚一号墳は、五世紀前半の伊勢において、首長墳のなかで最大の規模を誇り、倭王権の後押しを受けて多量の円筒・形象埴輪を樹立した。「伊勢国」という地域圏の成立は律令期に下るが、宝塚一号墳の築造時において、伊勢には鈴鹿川流域も含め宝塚一号墳に並ぶほどの前方後円墳が存在しない。このことは、倭王権の後押しを受けた宝塚一号墳の被葬者が、五世紀前半において伊勢全体を統括する伊勢の首長権を保持していたことを示すものであろう。

こうした状況は、宝塚一号墳の築造を契機とし、「原伊勢国」的なまとまりが形成されつつあった状況を想起させる。しかし、宝塚二号墳の築造以降、飯高郡域での古墳規模は一気に縮小し、南伊勢の首長墳の築造は多気郡域に移行するが、もはや伊勢全体を統括するほどの存在感はない。五世紀後半から六世紀前半にかけて、伊勢で有力な前方後円墳を築造しえた地域は鈴鹿川流域と安濃川流域で、とりわけ北伊勢の鈴鹿川流域は五区型以上の定型的な前方後円墳が複数存在し、規模も大きい。鈴鹿川流域は、この後、伊勢国府も置かれる。

以上のことは、宝塚古墳群が存在した南伊勢では、倭王権の圧力がより強まり、それまでの地域王権を介しての支配から、地域王権を解体して、より王権への従属性を強めた結果とみることができる。

こうした状況が生じた要因は、倭王権による東国支配の進展と、それにともなう海路の確保、具体的にはそのための外港の整備と連動していたとみられ、その拠点となる外港が的潟とみられる。南伊勢の首長墳が前方後円墳から帆立貝形古墳に移行し、また佐久米大塚山古墳の被葬者が金銅装冑を入手した背景には、倭王権の政策変更、すなわち地域首長を介した間接支配から、より王権への従属性を強めた直接支配への志向があったのであろう。ちなみに的潟の南には「三宅郷」がかつて存在しており、倭王権の直接支配の拠点、屯倉《みやけ》に由来している可能性がある。

そして、こうした倭王権の東方拡大にともなう伊勢重視という流れのなかに、大王家の祭祀場を伊勢に整備しようとするひとつの契機がある。すなわち、大王家祭祀場としての伊勢神宮の創祀である。宝塚古墳群の消長は、かかる倭王権の東国支配政策の進展という大きな政治的な流れのなかで理解されるべきであろう。

第5章　宝塚一号墳が語るもの

古墳に込められた思想

宝塚一号墳の発掘調査は、大きくふたつの面で議論を進展させた。

ひとつは、船形埴輪や囲形埴輪とその出土状況やそれらが置かれた出島状施設などに関する議論を通して、古墳に込められた観念的背景についても議論が及ぶようになってきたこと、もうひとつは各種埴輪や出島状施設など古墳仕様に関する形のあり方を通じて、倭王権と伊勢の関係について細かい議論ができるようになったことがあげられる。

伊賀市石山古墳、兵庫県行者塚古墳、群馬県保渡田八幡塚《ほどたはちまんづか》古墳、それに大阪府今城塚古墳など、近年発掘調査や再整理によりその様相が明らかにされてきた形象埴輪群像とその出土状況の把握は、埴輪樹立がどのような目的でなされたのかという議論に寄与してきた。

宝塚一号墳の出島状施設とそこに樹立された船形埴輪や囲形埴輪などの知見は、まさにこうした埴輪樹立の本来の意味をめぐる議論に対して、重要な素材を提供した。本書ではこの問題に関して、囲形埴輪の原形となった閉鎖性の強い導水施設や湧水施設が殯所の一施設を示すと見定め、宝塚一号墳の出島状施設は古墳時代の喪葬空間を表示したものと考えた。

人物埴輪を含む埴輪群は、殯によって実現させた死霊・悪霊の封じ込めを、古墳という葬所においても永続的に実現するため、奉仕者や実際の器物・食物を、朽ちることのない埴輪や（食物形）土製品などの永久物に仮託して表現したととらえられる。凶癘魂をはね返す辟邪《へきじゃ》観念を盾や靫、甲冑などの器財埴輪で示した前中期と同じ観念を、職掌をもつ人物埴輪の所作で示した中期中葉以降では一見、意識の変化にもみえるが、被葬者が「荒ぶる」ことを抑え込もうとする意識は同じで、その背後には一貫して凶癘魂排除と悪霊封印の思想が貫かれていた。

これまでの古墳研究は政治史からのアプローチが主流であったが、古墳とは被葬者の鎮送と悪霊化防止のためのさまざまな仕掛けが埋め込まれた装置としてとらえなおす必要がある。宝塚一号墳の調査成果は、「古墳時代人と死」との関係性を、改めて問い直すものとなった。

倭王権にとっての伊勢

宝塚一号墳の築造を契機として、のちに「伊勢」という国に相当する地域的枠組みが形成された。二号墳が築造された五世紀中葉以降は、東国へ向かう外港の所在地としての重要性から、倭王権による南伊勢地域の直接的な支配がより強化された。五世紀後半の雄略朝期に、倭王権による東国支配が進展したことは、埼玉稲荷山《さきたまいなりやま》古墳の鉄剣銘にも表れている。倭王権にとって、海路、東国へ通じる伊勢はその前進基地として重要な地域であり、そこに直接的な影響力を強め、伊勢の地を王権に従属する地としていった。

宝塚一号墳は、出島状施設の施工、船形埴輪や囲形埴輪、家形埴輪、各種器財埴輪などの製作を通して、倭王権の造墓にかかわる最新の知識・技術を導入したが、一方で二重口縁壺形埴輪の使用など伊勢の伝統的権威に基づく在地性も有していた。宝塚一・二号墳の調査で得られた墳丘や出土遺物の状況は、五世紀前半の伊勢と倭王権の関係性を考えるためのひとつの定点をなすとともに、その後の関係性の変化を解明していくうえでもその起点になる資料ということができるだろう。

これからの宝塚一号墳

二〇〇五年、宝塚一号墳と二号墳の史跡整備が完成した。史跡整備により往時の姿が復元された出島状施設には、市民参加によって焼成されたものを含む復元埴輪が樹立され、築造当初の様子をあますところなく伝えている。出島状施設の対面、道路をはさんだ北側には、主丘部長と高さで一号墳をしのぐ宝塚二号墳が堂々たる墳丘を静かに横たえている。

一号墳の後円部頂部に立って東を望むと、松阪市街地を見下ろしてその先には遠く伊勢湾を望み（図54）、北を望むと視界の先の東西丘陵には前代の王墓、前方後方墳の向山古墳がある。西側に目を転ずると、住宅街に屹立する丘陵上に高圧電線の鉄塔が見えるが、その地は鈴木敏

図54 ● 宝塚1号墳後円部から伊勢湾を望む
ここから東国への海路がひらく。

雄氏の分布図に宝塚一号墳とは別の前方後円墳の存在が記された場所である。

蒲生氏郷築城による国史跡松坂城跡の北西、阪内川をはさんだ北側には、かつての紡績工場を利用した瀟洒《しょうしゃ》な松阪市文化財センターがあり、そこに国重要文化財に指定された宝塚一号墳の船形埴輪をはじめとする埴輪群がおかれている。宝塚一号墳の現地と、船形埴輪をはじめとする出土品を展示した松阪市文化財センターを見学・観察しながら、船形埴輪や囲形埴輪が語りかけてくる遠く古墳時代からのメッセージに想いを馳せていただければ幸いである。

参考文献

石部正志・田中英夫・宮川徏・堀田啓一　一九八〇「帆立貝形古墳の築造企画」『考古学研究』一〇六
上田　睦　二〇〇五「狼塚古墳と導水施設形埴輪」『水と祭祀の考古学』奈良県立橿原考古学研究所附属博物館編
岡林孝作　二〇〇三「前・中期古墳における納棺と棺の運搬」『初期古墳と大和の考古学』学生社
川崎志乃　二〇〇二「伊勢型二重口縁壺の基礎的研究」『Mie history』一三
後藤守一　一九八六『日本考古学選集一八　後藤守一集［下］』築地書館
白川　静　一九九四『字統』平凡社
小 学 館　一九九四『日本古典文学全集　日本書紀』①・一九九六同②・一九九八同③、一九九四『日本古典文学全集　万葉集』①、一九九七『日本古典文学全集　古事記』、一九九七『日本古典文学全集　風土記』
竹内照夫　一九七七『新釈漢文大系　礼記』中　明治書院、一九七九同　下
田中良之　二〇〇四「殯再考」『福岡大学考古学論集―小田富士雄先生退職記念―』小田富士雄先生退職記念事業会
奈良県立橿原考古学研究所　二〇〇三『南郷遺跡群Ⅲ』
奈良県立橿原考古学研究所附属博物館　二〇〇三『カミよる水のまつり―「導水」の埴輪と王の治水―』
橋本達也　二〇一三「祇園大塚山古墳の金銅装眉庇付冑と古墳時代中期の社会」『祇園大塚山古墳と五世紀という時代』六一書房
廣岡義隆　二〇〇〇「円方（的形）」『東海の万葉歌』おうふう

藤田和尊・木許守　二〇一一「鐙とその表象品」『勝部明生先生喜寿記念論文集』
穂積裕昌　二〇〇三「五世紀の伊勢」『東海の埴輪と宝塚古墳』松阪市・松阪市教育委員会
穂積裕昌　二〇一二『古墳時代の喪葬と祭祀』雄山閣
松阪市・松阪市教育委員会　二〇〇三『全国の船形埴輪』
松阪市教育委員会　二〇〇五『史跡宝塚古墳』（松阪市埋蔵文化財報告書1）
松田　度　二〇〇七「造り出しにみる埴輪配置の構造—松阪市宝塚一号墳の事例から—」『考古学に学ぶ（Ⅲ）』（同志社大学考古学シリーズⅨ）
森　浩一　一九八六「潟と港を発掘する」『日本の古代3　海をこえての交流』中央公論社
森田克行　二〇一一『よみがえる大王墓　今城塚古墳』（シリーズ「遺跡を学ぶ」〇七七）新泉社
吉川弘文館　一九六六『新訂増補国史大系第二四巻　令集解後篇』
和田　萃　一九六九「殯の基礎的考察」『史林』第五二巻第五号
和田　萃　二〇〇三「伊勢と王権」『東海の埴輪と宝塚古墳』松阪市・松阪市教育委員会

図版出典・参考（一部改変）

天理市教育委員会　二〇〇〇『西殿塚古墳・東殿塚古墳』（図5）／松阪市教育委員会　二〇〇五（図8宝塚一号船・12・14・15・22・23・27・29・30・38左・41上・49・50）／奈良県立橿原考古学研究所　一九八八『大和考古資料目録15』（図8石見型盾形埴輪）／藤田和尊・木許守　二〇一一（図8鐙鞘装具）／守山市教育委員会　二〇〇一『下長遺跡発掘調査報告書Ⅷ』（図11右下）／和歌山市教育委員会　一九九三『車駕之古址古墳発掘調査概報』（図19②）／鈴木敏雄　一九二九『飯南郡花岡村考古誌考』（図25）／三重県　二〇〇五『三重県史　資料編　考古1』（図28・46①）／神戸市教育委員会　二〇〇六『史跡五色塚古墳小壺古墳発掘調査・復元整備報告書』（図33①）／藤井寺市教育委員　二〇一三『津堂城山古墳』（図33②）／広陵町教育委員会　二〇〇五『巣山古墳発掘調査概報』（図33③）／大阪府教育委員会　一九五三『河内黒姫山古墳の研究』（図35）／八尾市教育委員会　二〇〇一『史跡心合寺山古墳発掘調査概要報告書』（図38右）／奈良県立橿原考古学研究所二〇〇五『第23回奈良県立橿原考古学研究所公開講演会資料』（図40）／奈良県立橿原考古学研究所　二〇〇七『極楽寺ヒビキ遺跡』（図41下）／宮内庁書陵部　二〇一五「日本武尊能褒野墓整備工事予定区域の事前調査」『書陵部紀要』六六（図42）／国土地理院五万分の一地形図「松阪」「二本木」（図43）／奈良県立橿原考古学研究所附属博物館　二〇〇五『巨大埴輪とイワレの王墓』（図44右）／三重県教育委員会　一九八九『昭和六一年度農業基盤整備事業地域埋蔵文化財発掘調査報告Ⅰ』（図44左）／三重県埋蔵文化財センター　二〇〇三『堀田』（図46②）／松阪市　一九七八『松阪市史　史料篇考古』蒼人社（図46③・47・52）／吉良町教育委員会　二〇〇五『史跡正法寺古墳範囲確認調査報告書』（図53）

上記以外は著者

宝塚古墳公園

・三重県松阪市宝塚町・光町
・見学自由
・交通　ＪＲ松阪駅から鈴の音バス「左回り」乗車、「宝塚古墳公園前」下車徒歩５分。タクシーで約20分。車で伊勢自動車道松阪ICより約20分

松阪市街地から約三キロほどの伊勢湾をはるかに望む丘陵上に築造された宝塚一号墳と北に位置する二号墳が整備され、古墳公園となっている。

復元された宝塚１号墳の出島状施設

松阪市文化財センターはにわ館

・三重県松阪市外五曲町１番地
・電話０５９８（２６）７３３０
・開館時間　９：00〜17：00（入館は16：30まで）
・休館日　月曜日(祝日の場合は翌日)、祝日の翌日、年末年始
・入館料　一般１００円、18歳以下は無料

松阪市文化財センターはにわ館

・交通　ＪＲ松阪駅から三重交通バス「松阪中央病院行」乗車、「文化会館」下車徒歩約５分。鈴の音バス「左回り」乗車、「クラギ文化ホール」下車、すぐ。タクシーで約10分。車で伊勢自動車道松阪ICより約10分

宝塚一号墳から出土した埴輪は「三重県宝塚一号墳出土品」として二〇〇六年六月九日に国指定重要文化財となった。はにわ館では壮麗な船形埴輪を中心に展示され、間近で見学できる。

船形埴輪を中心に出島状施設から出土した埴輪が並ぶ。

遺跡には感動がある

——シリーズ「遺跡を学ぶ」刊行にあたって——

「遺跡には感動がある」。これが本企画のキーワードです。

あらためていうまでもなく、専門の研究者にとっては遺跡の発掘こそ考古学の基礎をなす基本的な手段です。また、はじめて考古学を学ぶ若い学生や一般の人びとにとって「遺跡は教室」です。

日本考古学では、もうかなり長期間にわたって、発掘・発見ブームが続いています。そして、毎年厖大な数の発掘調査報告書が、主として開発のための事前発掘を担当する埋蔵文化財行政機関や地方自治体などによって刊行されています。そこには専門研究者でさえ完全には把握できないほどの情報や記録が満ちあふれています。しかし、その遺跡の発掘によってどんな学問的成果が得られたのか、その遺跡やそこから出た文化財が古い時代の歴史を知るためにいかなる意義をもつのかなどといった点を、莫大な記述・記録の中から読みとることははなはだ困難です。ましてや、考古学に関心をもつ一般の社会人にとっては、刊行部数が少なく、数があっても高価なその報告書を手にすることすら、ほとんど困難といってよい状況です。

いま日本考古学は過多ともいえる資料と情報量の中で、考古学とはどんな学問か、また遺跡の発掘から何を求め、何を明らかにすべきかといった「哲学」と「指針」が必要な時期にいたっていると認識します。

本企画は「遺跡には感動がある」をキーワードとして、発掘の原点から考古学の本質を問い続ける試みとして、日本考古学が存続する限り、永く継続すべき企画と決意しています。いまや、考古学にすべての人びとの感動を引きつけることが、日本考古学の存立基盤を固めるために、欠かせない努力目標の一つです。必ずや研究者のみならず、多くの市民の共感をいただけるものと信じて疑いません。

二〇〇四年一月

戸沢充則

著者紹介

穂積裕昌（ほづみ・ひろまさ）

1965年、三重県生まれ。

同志社大学文学部文化学科（文化史学専攻）卒業。博士（文化史学）。

三重県埋蔵文化財センター、三重県教育委員会で三重県内の発掘調査と文化財保護行政に従事し、現在、斎宮歴史博物館主幹。

主な著作　『古墳時代の喪葬と祭祀』『伊勢神宮の考古学』（ともに雄山閣）

写真提供（所蔵）
松阪市教育委員会：図1・6・7・9・11・12・13・15・17・20〜22・24・26・47・文化財センターはにわ館と展示風景／藤井寺市教育委員会：図4上・8（翳形埴輪）・14右・16①・33②／大阪府立近つ飛鳥博物館：図4下／TNM Image Archives：図8（椅子形埴輪、東京国立博物館所蔵）／三重県埋蔵文化財センター：図8（刀装具）・13③参考（京都大学文学部考古学研究室保管、杉本和樹〈西大寺フォト〉撮影）・44左／御所市教育委員会：図8（鐙鞘装具）／八尾市立歴史民俗資料館：図16②／奈良県立橿原考古学研究所：図18／宮内庁書陵部：図19①／広陵町教育委員会：図33③／高橋克壽：図37／奈良県立橿原考古学研究所附属博物館：図44右／メトロポリタン美術館所蔵：図52右

上記以外は著者

シリーズ「遺跡を学ぶ」117
船形埴輪と古代の喪葬《そうそう》　宝塚1号墳

2017年4月15日　第1版第1刷発行

著　者＝穂積裕昌
発行者＝株式会社 新 泉 社
東京都文京区本郷2−5−12
TEL 03（3815）1662／FAX 03（3815）1422
印刷／三秀舎　製本／榎本製本

ISBN978−4−7877−1637−8　C1021

シリーズ「遺跡を学ぶ」

第1ステージ（各1500円＋税）

第2ステージ（各1600円＋税）